Albert L. Shelton,

Tibetan Folk Tales

チベットの昔話

アルバート・L・シェルトン
西村正身【訳】

青土社

チベットの昔話　目次

*（　）と［　］は原文通り。〈　〉は訳補。

*チベット語の綴りの読みはロラン・デエ（今枝由郎訳）『チベット史』（春秋社）六六～七九ページ所収「チベット語のカタカナ表記について」およびそれに準拠していると思われるウィキペディア「チベット語のカタカナ表記について」に拠った。

*三つの原注のほか、やはり少数の訳注があるが、原注は*を付して各話末に、訳注は本文中の該当箇所の《　》内に記した。

*挿絵は割愛した。

チベットの昔話

これらの昔話を集めた土地を
明るく照らし出してくれた
幼い二人の娘ドリスとドロシーに
捧げる《この献辞は底本とした版にはなかったので別の版から訳した》

前書き

チベット人たちの古い、古い歴史書では、北インドの山々に住んでいた羅刹女《らせつ》がチベットの森からやって来たサルと連れ添い、その結婚からチベット人が生まれたとされています。彼らの文学の大部分は神聖な性質のものであり、チベット人たちの創造、世界の形成、ブッダとその驚くべき誕生と死、その転生、そしてその教えの改訂について語っています。

暦のようなものや天文学の小さな書物、星占いをするときに使う天宮図、それに鬼神や羅刹の崇拝をも含む宗教的な教えや迷信に満たされた多くの書物が、見いだすことのできるほぼすべてなのです。

この本に収められた小さな物語《底本の裏表紙に同文が印刷されているが、ここだけ「小さな四九の物語」となっている》の数々は、野営をする人々が、組み合わせた三つの石の上で沸騰《ふっとう》するお茶を囲んですわりながら語ったものです。それらは父から息子へ、母から娘へと受け継がれていき、ときには迷信的な信仰に満ちているとはいえ、ユーモアの精神と、まったく思いもよらないような道徳的真実の教えが、それら全体を貫いて流れているのです。

これらの物語はアルバート・L・シェルトン博士がチベット人の間を旅して回ったときや、野営の火を囲んだときや、高い山々の上に設営した黒いテントの中で集めたものです。

どの国にも、自分たちの国ばかりではなく、ほかの国の子供たちにとっても、いつも喜びであり楽しみであり続ける昔話があります。

これらの物語が、どんな言葉に訳されようと、またどんな国で読まれようと、至るところで、少しでもそうした楽しみと喜びを増し加えてくれることを祈っています。

フローラ・ビール・シェルトン
（A・L・シェルトン夫人）

1 賢いコウモリ

誰もが自分自身の寓話であるならば、悪は存在しない。
チベットの諺

ずっと昔の、そのまたずっと昔のこと、人間と動物がお互いに言葉を交わし、相手の言葉を理解していたころ、大きな力を持つ王さまがいた。遠く離れた世界の片隅に住み、ひとりですべての動物と人間を支配し、治めていた。庭園と宮殿の周りには大きな森があって、その森ではたくさんの鳥や動物が暮らしていた。誰もが幸せそうであったが、ただひとり王妃さまだけは別であった。王妃さまはいつも、たくさんの鳥が同時にさえずって生じるものすごい不協和音に悩み苦しんでいるのだと言っていた。ある日のこと、王妃さまは王さまに、鳥たちをみんな呼び集めて、くちばしを切り取り、さえずることができないようにしてほしいと頼んだ。

王さまは、「分かった、数日後にそうしてやろう」と言った。

そのとき宮殿の軒下の、王妃さまの部屋のすぐそばに一匹のコウモリがいて、眠っているように見えたが、王妃さまの言ったことを全部聞いてしまい、その意味を理解した。「これは大変なことになったぞ。鳥たちを助けるにはどうしたらいいだろう」とコウモリは言った。

その翌日、王さまは王国の隅々にまで通知書を持たせて使者を派遣し、三日後の正午までにはみんなそろって宮殿に集まるよう、このことは決して忘れてはいけないので、しっかりと心にとどめておくようにと鳥たちみんなに伝えさせた。

あのコウモリも命令を聞いたが、とても賢くてすべてを理解していたので、王妃さまの言ったことを押し黙ったまま何度も何度も考え抜いた末に、三日目には王さまには会いに行かず、四日目まで待って会いに行くことにした。コウモリが入って行くと、王さまは腹を立てて、こう言った。

「わしがみんなに三日目にここに来いと命じたのに、四日目に来るとはいったいどういうことなのだ」。おやおや、王さまは本当に御立腹なのですね。

コウモリは答えた、「ここにいる鳥たちには仕事がないので、王さまがお呼びになればいつだって来られるのです。でも、私にはやらなければならないことが山のようにあるのです。父が働いていたので私も働かなければなりません。私の務めは、男と女の数を同じに保つことで性別の問題を管理するために、死亡率が本来あるべき数を超えないようにすることなのです」。

びっくりした王さまが言った、「そんな仕事があるとは、これまで一度も聞いたことがないぞ。どうすればそんなことができるのだ？」

コウモリは答えた、「昼と夜の長さをできるだけ同じに保たなければならないのです」。

王さまはいっそうびっくりして尋ねた、「どうやってそんなことができるのだ？　そんなことをしなければならんとは、そなたはものすごく忙しくて、しかも精力的な臣下に違いない。どうやってするのか、説明してくれないか」。

コウモリは答えた、「そうですね、もし夜が短かったら、朝をほんの少し切り取るのです。夜が長いときは日没後の時間を少し切り取って、昼と夜を同じに保つのです。それに加えて、人々がなかなかすぐには亡くならなくなったので、出生率と死亡率の均衡を保つために足の悪い人や目の見えない人を適当なときに死ねるようにしなければならないのです。それから、ときには女より男のほうが多くなってしまうのですが、そういう男の中には女の頼みならどんなことでも『分かった、分かった』と言って、女の言うことなら何でもしてあげなければならないと考える者が出てきます。そういう男を女に変えて、男女の数を等しく保つということもしているのです」。

王さまにはコウモリの言わんとすることはよく分かったが、そんなことは認めたくはなかった。王さまは王妃さまの頼みをすぐさま聞き入れてしまった自分にひどく腹を立てていたし、ひょっとしたらこのコウモリが自分を女にしてしまうかもしれないと思いもしたのだ。

「女の言うことを聞き入れて、何も考えずにそれに従ってしまうとは、わしもたいした王ではないな。それにこんな命令を出してしまったとは何という恥さらしなのだ。妃の頼みを実行するのはやめにして、この鳥たちをみんな帰してやり、くちばしを切り落とすのはやめにしよう」

と王さまは考えた。

そこで鳥たちを残らず呼び集めて、こう言った、「これまで、そなたたちをどう罰し、どういう法律を作ってやればいいのか、人間には分からなかった。そこで今わしはカッコウをそなたたちの王にしようと思っている。今日そなたたちを呼び出したのは、ほかでもないそのことのためなのだ。わしはそなたたちの王とそなたたちの主席大臣であるヤツガシラが賢く治め、公正に裁き、ほかの鳥たちを抑圧しないようにしてほしいと思ったのだ。大きいか小さいかを問わず、訴えて来たものがいたら、カッコウとヤツガシラは双方を正しく裁き、金持ちであろうと貧しかろうと、どちらか一方を特別扱いするようなことがあってはならぬ。さあ、みんな、家に帰ってもよいぞ」。

ところが、王さまは心の中ではまだコウモリに腹を立てていた。命令に従わずに三日目にではなく四日目にやって来たばかりか、自分こそ支配者だと見せつけて、やすやすと自分を従わせてしまったからだ。そこで王さまはその不従順を罰し、軽く叩いてから帰してやった。

2　トラとカエル

高く大きな松の木は大いに役に立つ。

弱いブドウの蔓がそれを頼りに高くはい上がるから。

チベットの諺

昔のあるときのこと、世界がまだ生まれたばかりで、動物たちがみんなお互いの言葉を理解していたときのこと、ツデンという名のよぼよぼのトラが餌を探して狩りに出かけた。小川の岸に沿って忍び足でそっと近寄って来るトラをカエルが見つけて、ゾゾっとした。「あのトラはおれを食いに来たんだ」と思ったカエルは、盛り上がった小さな芝地の上にはい上がり、トラが近づいて来ると、「やあ、どこへ行くんだい?」と声をかけた。

トラはこう答えた、「食べ物を探しに森へ行くところさ。二、三日何も食べていないから、すっかり弱ってしまって腹ペコなんだ。お前を食ってしまおうか。すごいちび助だが、ほかに見つけられないからな。ところで、お前は誰なんだ?」

カエルはできるだけ大きく体を膨《ふく》らませてから答えた、「おれはカエルの王さまだ。どんなところでも跳び越えられるし、何でもできる。ここに川があるだろう、どっちが跳び越えられるか、やってみようじゃないか」。

トラが「いいだろう」と答え、体をかがめて跳ぶ準備をすると、カエルは素早く跳び上がってトラの尻尾の先を口でくわえた。トラがジャンプするとカエルは向こう岸に投げ出された。川を跳び越えたツデンが振り返って、カエルはどこにいるのかと川の中をあちこち見回した。けれども、虎が向きを変えたときにカエルは尻尾を放していて、こう言った、「そこで何を探しているんだい、トラ爺さん?」

すぐさま振り向いたトラは、自分のうしろの岸辺から遠いところにいるカエルを見つけて、びっくり仰天した。

カエルが言った、「さて、今のはおれの勝ちだが、もう一つ別のをやってみよう」。腹ペコのトラは水を少し吐き出せただけだったのだが、カエルはトラの毛を何本か吐き出した。大いに驚いたトラは、「どうしてそんなことができるのだ?」と訊ねた。カエルはこう答えた、「きのうのことだが、おれはトラを殺して食ったのさ。今のはまだ消化されていなかった毛というわけだ」。

トラはこんなふうに思い始めた、「こいつはめっぽう強いやつに違いない。きのうはトラを殺して食い、今はこの川を跳び越えて、おれより遠くへジャンプしたのだ。食われる前に逃げ出したほうがよさそうだ」。そう思うとトラは少しあとずさりしてから、大急ぎで向きを変え、できるだけ速く走り、山を越えて逃げ出した。

山を下りて来たキツネがトラに尋ねた、「どうしたんです、どうしてそんなに速く走っているんですか？」

年老いたトラは言った、「いやね、カエルの王に会ったんだが、そいつがめっぽう強いやつなんだ。とにかくやつはトラを食い、川を跳び越えて、おれよりも遠くへ着地したんだ」。

キツネは笑って言った、「何ですって、ちっぽけなカエルから逃げて来たって言うんですか？あんなやつ、取るに足らんやつですよ。私だってちっぽけなキツネに過ぎませんが、私ならこの足で踏んづけて殺してやりますよ」。

トラは答えた、「あのカエルにどれだけのことができるか、おれは知っているんだ。だが、あいつを殺せると言うんなら、お前といっしょに戻ろうじゃないか。しかしな、お前が怖気《おじけ》づいて逃げ出したりしたら癪だから、おれたちの尻尾を結び合わせるとしよう」。

二頭は結び目をいくつも作って尻尾を結び合わせると、山を下りてカエルに会いに行った。カエルは相変わらず芝地の上にいて、できるだけ偉そうにしていた。二頭がやって来るのを見たカエルはキツネに向かってこう言った、「お前はたいしたキツネだな。今日は王に通行税も払わず、肉も持って来なかったとはな。お前が尻尾に結び付けているのはイヌで、おれの夕食にと連れて来てくれたのかな？」。

トラは驚いたの何の、キツネが自分を王に食わせるために連れて来たのだと思い込んでしまった。クルリと向きを変えるや、かわいそうなキツネを引きずったまま大急ぎで走りに走った。二頭とも死んでいなければ、今もまだ走り続けていることだろう。

3 悪い仲間に加わったウサギ

あなたが親切にしなければ、親切にしてはもらえない。
チベットの諺

ずっとずっと昔のあるときのこと、世界がまだ若く、できたばかりで山の頂がすべて尖っており、楽園がまだ中央チベットの大きく高い山々に空まで押し上げられていなかったころ、人間と動物はお互いに理解し合うことができた。遙かな山々の間の人っ子ひとりいないところに泥と石の小さな小屋があり、その小さな小屋の土間に年老いたラマが住んでいた。家の造りは貧弱だった。古ぼけた小さなフエルトがあって、夜はその上で寝て、昼間はたいてい足を組んですわっていた。身につけている寝巻のほかには服も掛布団も持っていなかった。持ち物と言えば穀物を容れるいくつかの籠とツァンパを容れる袋、お茶を入れるのに使う陶器の壺、それに食事のときに使う小さな木のお椀だけであった。その小さな家に人々から遠く離れて住み、瞑想にふけり、祈りに明け暮れして、そうやって聖者になろうとしていたのだ。来る日も来る日もラマは人生の問題に思いを巡らせ、小さな動物たちのことも考えていた。

スシャという名前のウサギとムクチョンという名前のネズミがいた。二匹は親友で大の仲良しで、ついでに年老いたラマの友だちの振りをしていた。夜、ラマが少しの間眠っているときに小屋に忍び込み、見つけられる限りの穀物を残らず盗んでしまおうとしていたのである。ある日のこと、ラマは、あの二匹は本当はわしの友だちなどではなく、ただその振りをしているだけで、毎日会いにやって来るのは、この小屋の中に何があるのかを調べて、夜になったら戻って来てそれを盗もうとしているのだと思い至った。「よし、罠《わな》を仕掛けて、捕まえてやろう」とラマは言い、丸い籠を伏せて小さな罠を作った。二匹はその夜、さっそく罠にかかった。翌朝、二匹を見つけたラマは、ひげと耳と尻尾を切ってから放してやった。二匹はひどく腹を立てて、ラマに言った、「ぼくたちは嘘をついたりしないアペルランの仲間なんだぞ。盗みも悪いことも不誠実なこともしないんだ。あんたはぼくたちがあんたの友だちで、あんたのものを盗んだりしていないと知っているじゃないか。ぼくたちはただ籠の中に何が入っているのか見たかっただけなんだ。それなのに何ということをしてくれたんだ。これからぼくたちの王さまたちに、あんたの穀物を奪いに軍隊を派遣《はけん》してくれるよう頼みに行くからな。そのときになってもぼくたちみんなを捕まえられるよう、せいぜい罠をたくさん作っておくんだな」。

自分の姿がものすごく恥ずかしかったネズミは王さまのところへ行って、どんなことをされたのかを見せ、自分は無実なので、どうか軍隊を組織して、この身にしたことの罰として年老いたラマを攻撃してほしいと頼み込んだ。年を取っていた王さまはすぐさま、もしウサギの王さまが加勢してくれるのなら、そうしようと同意した。ところが、ウサギの王さまに打診してみると、ウサギの王さまは、ネズミが有罪であることは明らかだから加勢はしないと拒んだ。ネズミの代表団が帰ったあとで、ウサギの王さまは問題のウサギを呼んだ。恥ずかしいことこの上ない姿のウサギがやって来て、わが身に降りかかったことを語った。王さまは言った、「当然の報いを受けただけではないか。悪い仲間に加わっていたら、その者たちと同じように有罪だとみなされるのだ。ネズミというものは泥棒であり盗賊であって、この世が始まってからというもの、ずっとそうなのだ。そういう輩といっしょにいれば、その者たちと同じように悪いやつだと思われるだけだ。お前もよく知っているように、ウサギというものは盗みを働くような種族ではない。忠告しておくが、もう二度とネズミやその同類の仲間になるのではないぞ」。

4 ロバと岩の物語（黒テントの物語）

鉄と真鍮も、溶接が巧みならば結合する。
チベットの諺

ずっとずっと昔のこと、チベットの奥深くの、ほかの国よりも少しだけ空に近いと思われる高いところのどこかの片すみに、とても公正な男が治める国があった。男はどんな事件をも公正に裁くことで国中に知られていた。その優れた王さまが住んで館を構えている町に、二人の貧しい男が住んでいた。二人ともとても善良で、毎日自分にできる最善の努力をし、どちらも年取った母親を養っていた。

ある日のこと、その一人が、山の高いところにある村へ売りに行こうと、油の入った壺を持って出かけた。歩いているうちにひどく疲れてしまったので、油の壺を道端の岩の上に置いて、しばらくすわって休んでいた。そうしてすわっていると、隣りに住む男がロバを引きながら山を下りて、男の目の前にやって来た。小さなロバの両側には山のように積み上げた薪の二つの大きな荷があって、ロバはほとんど覆い隠されていた。たまたまロバには壺が見えなかったので、近づきすぎてぶつかり、壺は下に落ちて割れ、油は残らずこぼれてしまった。

　油の持ち主はそれはそれは腹を立てた。するとロバの持ち主は、損害を与えたのはおれじゃなくてロバだと言った。こうして二人は喧嘩を始め、果てしなく言い争いを続けた。油の持ち主は、母親とおれが食べるために売るものといったら、もうこれっきりしかないんだから、これを失うわけにはいかないんだ、壺が割れたのはぜったいにおれのせいじゃないと言った。二人は王さまのところへ行った。王さまは事の次第を注意深く二人に問い質したが、結局、どちらが悪いのかは何とも言えないと言った。二人はどちらも善良な男で、年老いた母親の面倒をよく見ており、誠実に商いをしているので、見る限りではどちらが悪いというわけではなく、悪いのはロバと岩なのだから、そのロバと岩を裁こうというのである。そういうわけで、小さなロバは脚と首をグルグルと鎖で縛られて牢屋に放り込まれ、一方、岩を運んで来るために王さまの五人の家来が送り出された。岩が運び込まれて来ると王さまはすぐに鎖でグルグル巻きにするよう命じ、牢屋の入口の外にある柱につないだ。そのころにはもう、その一風変わった訴訟の事や王さまの奇妙なやり方が町中に知れ渡っていた。優れた王様がロバと岩の裁判を始めると聞いた人々は、きっと王さまの気が変になったのだと思った。翌朝、王さまは使者を町中に派遣して、裁判が開かれることを触れ回らせた。ロバと岩が法廷でいったいどう裁かれるというのか、人々にはまったく理解できなかったが、その日になると朝早くから町の誰もが、裁判の結果を見ようと中庭に押しかけた。時間になると裁判官が現われて着席し、門番たちにすべての門を閉めて封鎖するよう命じた。こうして全員を閉じ込めると、その件に関する判決を述べ始めた。

「そのほうたちもよく知っているとおり、ロバと岩を裁くいかなる法律も存在しない。何ゆえにそのほうたちはそのようなバカげたことを見に、みんなしてやって来たのだ。さあ、その物好きゆえに、各自、外に出る前に罰として小銭を一枚ずつ置いていくのだ」。

人々はすっかり恥ずかしくなったが、外に出られるのを喜んでその少額のお金を払い、門から出て行った。こうして集められた現金は油を無くしてしまった男に与えられた。こうして男は幸せになり、負債は支払われ、法廷は閉じられた。

5 愚かな村長の物語

あるかもしれない名声すらないのなら、家族の自慢はするな。
弓弦を張ったままにすれば弓はすぐに使えなくなる。
全速力で走らされるウマはすぐに力尽きる。
チベットの諺

昔のあるときのこと、遠い山々の間に二つの小さな村があった。一つはチャント、もう一つはチャンメフと呼ばれ、一人の村長がその二つの村を管理していた。とても聡明《そうめい》な人であったが、その一人息子は愚か者であった。息子にはとても賢い妻がいた。しばらくすると老人は亡くなり、愚か者の息子がその地位を継いだ。村に沿って川が流れており、一頭のターキンが死んで川に落ちた。上流の村も下流の村も、それはおれたちのものだと争い、双方の村人たちが、ターキンはわしらのものだと要求して村長のところにやって来た。

妻が村長に言った、「あの動物がどちらのものか、あなたには分からないでしょう。それでも出て行って解決しなければなりませんから、こういうふうに裁いてください。あばら骨より上半分は上流の村のもの、下半分は下流の村のものとし、真ん中の部分はあなたがもらうのです。あなたは真ん中にいる人なのですからね」。村長は妻の言う通りにした。その裁決を聞いた人々は、「なんだ、あの男は愚か者だとずっと思われていたけれど、どうしてなかなか賢い男じゃないか」と思った。それで村長は大いに名を挙げた。

それから二、三か月が過ぎたとき、ヒョウが死んで川を流れ下り、ターキンと同じ場所に引っかかったので、また村人たちの争いが始まった。今度ばかりは誰もそれを欲しがらなかったので、上流の村人たちは、それはお前たちのものだと言い、下流の村の者たちも、それはお前たちのものだと言って、結局それも村長のところに持ち込まれた。村長は、「今度は妻に相談せず自分でやってみよう。どうすべきかは分かっているから、ターキンのときと同じようにやればいいのだ」と考えて、前にやったときと同じようにヒョウを分けた。ところが、一方の村の人たちは、「いや、そんなものは欲しくない」と言い、もう一方の村人たちも、「おれたちだってそんなのは欲しくない」と言った。そうしてヒョウを丸ごと村長に譲ったので、村長はウマの背に乗せて、家に持ち帰った。聡明だという村長の評判は地に堕ち、また愚か者に戻ってしまったと人々は言い合った。

6　自分がついた嘘のせいで死んだキツネ

上に立つ者が理屈にかなっていれば、役人と人々の間には信頼が生まれる。

チベットの諺

昔のあるときのこと、遙かな山並みの向こうの人目に付かない小さな洞穴に、一頭のトラが、生まれたばかりの赤ん坊といっしょに住んでいた。母さんトラは、狩りに出たある日のこと、わが子のために小さなキツネを遊び相手として連れて来た。キツネは幸せで気楽だった。何しろ働くことも狩りに行く必要もなく、母さんトラが食べ物を与えてくれたので、一日中遊び呆けていればよかったからだ。ある日のこと、狩りに出た母さんトラが小さな子ウシを見つけ、息子のもう一人の遊び相手として家に連れ帰って来た。ところがキツネは大いに腹を立て、子ウシをひどく妬むようになった。みんなが自分よりも子ウシのほうを大事にし、余った食べ物さえ子ウシに与えていると思ったからだ。本当のところはトラはどちらも前とまったく同じように キツネに接していたのだが、キツネの心はひねくれていたので、どうすれば子ウシに仕返しができるかと計画を練り始めた。その少しあと、母さんトラがひどい病気にかかってしまった。もう死ぬかもしれないと思ったとき、母さんトラは子ウシと息子をそばに呼んで、こう言った、「お前たちのお父さんとお母さんは違うけれど、それでもお前たちは兄弟だ。決してけんかなどせず、ここで仲良くいっしょに暮らすのだよ。誰かがお前たちに嘘をついたりしても、そんなことは気にせず、いつまでも友だちでいるんだよ」。そう言い残すと、母さんトラは死んでしまった。

今こそチャンスだとキツネは思った。毎朝、子ウシは走ったり、遊んだり、跳ね回ったり、面白半分に角を振り回したり、吠えたり、運動したりしていたが、トラは寝そべって休んでいるほうが好きだった。そうしたある朝のこと、子ウシが跳ね回っていると、キツネがそっとトラに近寄って、こう言った、「子ウシは君の友だちだと言っているけど、あんなふうに走ったり、跳ねたり、角を振り回したりしているときに、あいつが何を企んでいるか、君には分からないのか？　心の中じゃ、あいつは君を毛嫌いし、いつか君を殺せるようにと、ああやって鍛《きた》えているのさ」。

そのせいでトラはもちろん疑い深くなり、ひどく腹を立てた。それからというもの毎日注意深く子ウシを観察したトラは気難しく不機嫌になっていった。

それからキツネは子ウシのところへ行って、こう言った、「知っての通り、お前のお母さんはお前とあのトラに、お前たちは兄弟として生まれついたのだと言ったけど、見てみろ、あいつは日に日に大きく強くなって来て心変わりをし、お前を殺して食う準備をしているんだ」。トラと子ウシはこうして敵同士となり、疑り深い目でお互いを警戒し、ひどく不幸になってしまった。ついにある日のこと、子ウシがトラに言った、「どうして君はぼくを殺して食いたいんだ？　ぼくは君に悪いことなんかしていないし、君のお母さんがそうしろと言ったように君を大事に思っているというのにさ」。

トラが答えた、「ぼくだって同じように君を大事に思っているし、君がぼくを殺そうとしているとキツネが言うまでは、そんなことは考えたりもしなかったさ」。

こうして二頭は、キツネが自分たちを敵同士にしようとしているのだと気がついて、キツネに仕返しをしようと決めた。トラが言った、「こうしよう。お互いに憎たらしいやつめと言いながら、どっちが勝つかケリがつくまで闘う振りをするんだ。あいつには立ち会ってもらって、闘っている最中に、ぼくがあいつをやっつけることにしよう」。

その日がやって来て、二頭は闘いを始めた。巧みにグルグルと動き回りながら激しい闘いをする振りをしてキツネのすぐそばまでやって来た。そこでトラはキツネに跳びかかり、一撃を食らわせて殺すと、すわり込んで死体をうまそうに食べてしまった。

この話は、友だちの間にひと悶着《もんちゃく》起こそうと企む者がどんな目に遭うのかを教えてくれる。

7 恩知らずな男

何であれ約束したことは、紐で作った輪っかのように変わるに任せるのではなく、岩に刻んだ線のように固く守れ。

チベットの諺

昔のあるときのこと、遙かな遠い国の高い高い地方に、年老いたこの世界がまだとても若くて、動物と人間がお互いに言葉を交わし、いっしょに暮らしていたとき、感謝の気持ちといったものが知られていた。

山々の奥深くに、地面の深い裂け目に沿って細い道があった。旅をするには危険な場所であったが、ある夜のこと、ちょうど日暮れ時にその道をひとりの男と一羽のカラスと一匹のネズミとヘビがいっしょに歩いていたとき、道の一部が崩れ落ちて、みんなして深みに落ちてしまった。怪我こそしなかったものの、ひどくうろたえ、そこにすわったまま〈誰かが通りかかるのを〉待ち、自分たちの置かれた状況に思いを巡らせ、どうすれば外に出られるか、餓死しないようにするにはどうすればいいのかと思い悩んでいた。そのとき、ひとりの旅人が崩れた道のところにやって来て、中をのぞき込み、彼らを見つけた。みんないっせいに叫び始め、助けてくれと頼んだので、旅人は長いロープを投げおろして、次々と引っ張り上げてやった。みんなは心から感謝し、あなたのことは忘れない、あなたが助けてくれたことは忘れない、いつの日かあなたのお役に立ちたいと言った。どちらかといえば旅人は、心の中ではカラスやネズミやヘビの友情をバカにし、彼らが自分のために何かしてくれるだろうとは信じられなかったが、男のほうならいつか自分を助けてくれるかもしれないと思った。

そんなことがあってからだいぶ経ったころ、遠く離れた国の王宮で、王妃さまが平屋根の上で髪を洗っていた。宝石をちりばめたネックレスをはずして、そばにあった低い長椅子の上に置き、髪が乾くと、そのネックレスを忘れて、下に下りてしまった。近くの木のてっぺんに、昔、男に助けられたカラスが止まっていた。ネックレスを眼にしたカラスは、「深みから助けてくれた人へのいいプレゼントになるぞ」と言って舞い下りるや、それをくちばしにくわえて飛び去り、その人のところに持って行って、どこでそれを手に入れたのかを話した。

その翌日、旅人はネックレスを持って、助けてやった男のところへ行き、「見てください。カラスなんてたいした友だちじゃないと思っていたんですが、王妃さまのものだったこの見事な宝飾品を持って来てくれたんですよ」と言った。

助けてもらった男はそれを聞くと、すぐさま王さまのところへ行き、「王妃さまのネックレスはある男の家にあります」と言って、助けてくれた人の名前を告げた。王さまはすぐに家来たちを行かせてその旅人を捕らえ、牢獄に放り込んだ。暗い古ぼけた地下牢には横たわる寝床もなく、壁からは水滴がしたたり落ち、食べる物も、何かを持って来てくれる友だちもいなかったので、男は今にも餓死しそうになった。そのとき、男が助けてやったネズミがそこに棲んでいて、やって来ると、どうしてこんなところにいるのですかと訊ねた。男は、逮捕されたことや助けてやった男が恩知らずだったことを語り、もう腹ペコで、すぐにも助けてもらえなければ死んでしまうに違いないと言った。ネズミは立ち去るや、王宮に忍び込み、王さまの食卓から食べ物を盗んで、地下牢にいる男のところに運んで行き、男を助けてやった。

翌日、あのヘビがやって来て、どうしてこんな牢の中にいるのですかと尋ねた。男がまたわけを話すと、「心配しないでください、私が助けてあげましょう」とヘビが言った。

そのヘビというのが実は不思議な力を持つヘビで、亡霊に姿を変えると王さまの首にグルグルと巻きつき、もう少しで絞め殺してしまうところでやめていた。

何かがいるのは分かったが、その姿は見えなかった。王さまはあがいて大臣や賢人やラマたちを呼んだ。サイコロを振って占ってみた彼らは王さまに、王さまの首を絞めているその亡霊は牢獄にいる男の守護霊のひとりで、あの男を解き放って丁重にもてなせば王さまの災難は治まるでしょうと言った。そこで王さまは囚人を連れて来させ、たくさんのお金とたくさんの宝飾品を与えて、すみやかに解放してやった。

王さまの苦しみは止み、旅人は、疑ってバカにした三匹の友情のおかげで幸せになった。

8 欲張り

雹《ひょう》は雨の前触れ――争いは親類がバラバラになる前触れ。
チベットの諺

昔のこと、山々の中のひっそりとした深い谷に、動物たちが水を飲みに行く池があった。その池の近くに道があり、その道を横切るように猟師が、ぴんと張った糸を切った動物を何であれグサリと射抜く長い槍を放つように大きな弓を仕掛けておいた。そこへやって来たクマが糸に足を引っかけるや、槍が放たれて、あっと言う間にクマを殺してしまった。キツネがやって来て、こう言った、「おや、一年間は食いつなげそうな肉があるぞ。だが、弓につながっている糸は切ってしまったほうが良さそうだ。戻って来た猟師がおれさまのためにまた仕掛けるだろうからな」。

キツネが糸を噛み切ると弓がはね、それが頭に当たって、あっと言う間にキツネを殺してしまった。二頭が死んで横たわっている場所の近くに溝のような谷があり、そこで一頭のゾウが眠っていた。そこへやって来たウサギが、ゾウが静かに横になっているのを見るとその周りで遊んだり、ピョンピョン飛び跳ねたりしたので、とうとうゾウは両眼を大きく開けて、ウサギを見た。

「お前みたいな小さなやつがそんなに遠くまで跳べるとは、何とも奇妙なことだ。ひとつ、おれもやってみよう」とゾウは思い、大ジャンプをしてみた。すると前足が大きな岩に当たって岩が割れ、それが背中に落ちて来て、ゾウを殺してしまった。こうしてクマとキツネとゾウの三匹がそこで死ぬことになったのだ。するとそこへ七人の盗賊たちがやって来て、「おい見ろ、肉だ、二、三日ここにいて食おうじゃないか」と大声で言った。ところで、水も必要だったのだが、誰ひとりとして自分では汲みに行きたがらず、誰もがほかの者を行かせたがった。結局、三人が出かけることになったのだが、あとに残った四人はこう言った、「うまそうな肉を三切れ用意して、帰って来るやつらのために毒を仕込んでおこう。そうすればおれたち四人で肉も骨も象牙も独り占めだ」。そういうわけで四人は、出かけた三人のために毒を盛った肉を用意した。三人は水を探して山を越え、長い道を歩かなければならなかったが、水を運んで帰る途中、こう言った、「あの四人のやつらは悪党だ。やつらのために水を運ぶ仕事を何もかもやっているのだから、この中に毒を入れよう、そうすれば肉はぜんぶおれたちのものだ」。三人が戻ると、喉がカラカラだった四人はゴクゴクと水を飲んだので、間もなくみんな死んでしまった。「さあ、たらふく肉を食うとしようぜ」と言って三人はすでに切り取られていた肉を手に取って食べ、同じように、ほどなく三人とも死んでしまった。

この話の教訓はこうだ、「第一に、みんなに十分に行き渡るほどたくさんあるときに欲張ってはいけない（キツネは肉を一年間食べ続けるために弓を壊そうとして死んだ）。第二に、自分に似合わないことはしてはいけない（ゾウはウサギがしていたことをしようとして死んだ）」。四人の男たちはほかの三人と分け合うことを渋り、三人もほかの四人と分け合うことを渋って、結局みんな死んでしまったのだ。

9

頭のいい大工

人間には希望はない――
神々を崇拝することに幸せを見つける以外には。
チベットの諺

昔のあるときのこと、ナロンという町にケントンという名の王さまが住んでいた。その王さまが亡くなり、息子のケンチョクが代わりに治めることになった。新王が治める人々の中に二人の男がいた。一人はとにかく素晴らしい作品を描く画家、もう一人も最高の仕事をする大工であったが、その二人はいがみ合っていた。あるとき、画家が新しい王さまを訪れて、こう言った、「昨夜、寝ようとしておりましたところ、陛下のお父上が私を呼び寄せるために天国から天子をお遣わしになりました。何の御用なのかと思って天使とともに天国へ行きますと、お父上は信じられないほど豊かにお暮らしでした。陛下にお渡しするようにと私にお手紙を託されたのですが、これがそれでございます。この手紙は、この町に住む素晴らしい大工についてのことだそうです」。

王さまは手紙を開けて読んだ、「息子よ、わしは今天国におり、とても裕福だ。一つを除いて欲しいものは何でもある。わしは神々に捧げるフレーケンつまり寺院を建てたいのだ。だが、こちらには優れた大工がいないので、そなたに町に住む最高の大工を送り届けてほしいのだ。この手紙をそなたに届ける画家がすべてを心得ている。その者がここへやって来たので、わしは手紙をその者に届けさせたのだ」。

すると、ケンチョク王がこう言った、「これは父上の手紙に違いない。神々に捧げる寺院を建てたいとは、いかにも父上らしいことだからな。すぐにもその願いを叶えてやらねばなるまい」。そう言うと大工を呼んで、こう言った、「父上が神々の住まいにおられて、とても幸せに暮らしておられる。フレーケンを建てたいと思っておられて、手助けのためにそなたを送り届けてほしいと頼んで来たのだ」。

そんなことがあるなどとはおかしなことだと思った大工は内心、「おれを厄介払いするためにあの画家が思いついた企みに違いない。やつを出し抜く計略を何か考え出さなければならんぞ」と思って、こう言った、「そういうことでしたら。でもどうやって参ればよろしいのでしょう?」すると王さまは画家を呼び寄せ、どうやって大工を父上のもとに送り届ければいいのかと尋ねた。画家は言った、「こうするのでございます。必要な道具類を全部持ち、それを地面に積み上げた薪の上に置き、その上にすわったら、その周りにさらに薪を積み上げて火を点けるのです。煙が昇っていけば、大工はその煙に乗って天国へ行けます」。「承知いたしました。ですが、わが家の畑から出発したいと存じます」と大工は言った。王さまは準備のために七日間の猶予を大工に与えた。大工は家に帰ると妻に言った、「あの画家のやつめ、おれを殺すために企みを巡らせやがったぞ。焼け死ぬまで七日しかないから、手伝ってくれ。家から焼かれる予定の畑までトンネルを掘るんだ」。二人はそれをやり遂げ、トンネルの入り口に棒きれを何本か置いて、その上に道具類を積み重ね、さらにその上にすわれるようにした。七日間の期限が切れると王さまは人々に命じて、銘々に一荷分の薪とお椀一杯分の油を持って来させた。こうして大工の周り六メートル四方ほどのところに薪が積み上げられ、油が注ぎかけられて点火された。火が燃え上がる間に大工はトンネルの中に滑り込んだ。「見ろ、煙に乗って天国へ昇って行くぞ」と画家が叫んだ。みんなはそれを信じて、家に帰って行った。

ところで、大工の家には光の射さない秘密の部屋があり、大工はそこにこもって、毎日体を洗いながら過ごし、神々が着るような服を作らせた。三か月が過ぎ去るとその服を身にまとい、ユリのような白い肌をして家をあとにし、父王からの手紙を携えて王さまに会いに行った。手紙にはこう書かれていた、「親愛なる息子ケンチョクよ、そなたは優れた統治者であり、人々を賢明に、しかもよく治めていると聞く。三か月ほど前、そなたはフレーケンを建てるために大工を送り届けてくれたが、大工はそれを壮麗に仕上げてくれた。大工が地上に戻ったら、どうか褒美を与えてほしい。ところで、寺院が完成したので、今度は王国にいる最良の画家を送り届けて、寺院に絵を描かせてはくれまいか。画家を送り届けるには大工を送り届けたときと同じやり方をすればよろしい」。大工は王さまに、父上がどんなに豊かな暮らしをしているか、天国でどんなすばらしい体験をしているかを語って聞かせた。王さまは大工に莫大な財産を与え、生涯幸せに暮らせるようにしてやった。手紙を読み終えた王さまは画家を呼んで、こう言った、「大工がたった今天国から戻って来たぞ。そなたにも父上のためにフレーケンに絵を描きに来てほしいと頼む手紙を持って来たのだ」。画家は大工が真っ白な肌をし、見慣れぬ服を身にまとい、首に珊瑚のネックレスをかけているのを目にし、一方自分は相も変わらず着古した服を着ているのを見て、そういうふうに天国へ行ってもたぶん大丈夫なのだと思い、大工は本当に天国に行って来たのだと信じるようになった。そこで画家は必要な道具をかき集めたが、薪と油を、王さまが父親に届けたいと望んだ品物とともに運び込む準備のために七日間の猶予が与えられた。すべての用意が整うと大工は、天に昇る自分のために音楽を演奏していただきたいと頼んだ。そこで人々は太鼓やラッパやシンバルを持ち寄り、火が点けられると大きな音で打ち鳴らし、大騒ぎをした。火が画家に燃え移るや、画家は焼け死にそうだと大声で叫んだが、大きな物音のせいでその声はかき消されてしまい、こうして画家は本当に天国に行ってしまった。

10 タシュプと女神たちの物語

誕生と死には恐怖はなく、恐怖には疑念がない。
チベットの諺

ずっと昔のあるときのこと、人々が暮らし、愛し合い、驚き、そして死んでいく神秘の国にタシュプという名の男が住んでいた。世界中で本当に一人ぼっちで、妻もなく、子供もなく、おまけにどうしようもなく貧しかった。ある日のこと、歩き回りながら山に登って横になり、数々の悩み事に心を痛めているうちに寝入ってしまった。

ちょうどそのとき、山の遙かふもとの小さな村で小さな女の子が生まれた。男がその下で眠っていた木にはひとりの女神が住んでおり、男を囲む森中には何人もの女神たちが住んでいた。サイコロを振って生まれたばかりの娘の将来を占うのが彼女たちの務めだった。誰が夫になるのか、いつ結婚するのか、年老いるまで生きるのかどうか、死ぬ日はいつなのかを予言するのである。タシュプが寝ていた木に住む女神は、誰かがその住まいの近くで眠ったときには、ほかの女神たちを自分の木に来るよう招くことにしていた。それで、みんなしてやって来て、その娘の将来を予測し始めたのだ。――娘は中年のときにヒツジの肩肉を食べて亡くなり、木の下で寝ている男がその夫となるだろう。

男はぐっすりと眠っていたわけではなかったので、その予言を残らず聞いてしまい、ひどく腹を立てて言った、「何てことだ、バカバカしいったらありゃしない。今初老のこの俺が生まれたばかりの赤ん坊の夫になるなんて、とんでもないことだ」。

そうは言ったものの、男はその子供を探しに出かけた。国中を隈なく旅して回り、やっとのことで山のふもとの村で、まさにその日に生まれた女の子を見つけ出し、それが女神たちの話していた女の子であることを突き止めた。その家のそばにそっと忍び寄り、薪《まき》を割る小さな斧を拾い上げ、女の子のそばに忍び寄って打ちかかった。これで殺したと思った男は遠くの国へ逃げ去ったが、娘は回復し、女らしく成長した。

間もなく娘の両親が亡くなり、娘は無一文の孤児となってしまったので、わが家を離れて旅に出た。たまたま娘はタシュプが住んでいる町に行った。ある日、そこで出会った二人はたちまち恋に落ちた。あるとき娘と話していた男はその頭に大きな傷跡があることに気づき、どうしたのだと訊ねた。

「両親の話によると、あるときタシュプという名前の男の人が斧《おの》を手に私を殺そうとしたんですって、私が生まれた村でね」と娘は語った。

それを聞いたタシュプは、山の女神たちが予言した未来から逃れようとしても無駄なのだと悟り、覚えてはいたのだが、彼女がどんなふうに死ぬことになっているのかは言わなかった。

男は娘よりずっと年を取っていたのだが、二人は結婚し、幸せに暮らした。男はヒツジの肩肉はいつも必ず自分が食べるように気をつけ、妻が決してそれを口にすることがないようにしていた。ところが、どうしていつもヒツジの肩肉を独り占めしたがるのか不思議に思った妻は、夫が仕事で家を留守にしたある日のこと、ヒツジを一頭殺して、「タシュプが留守だから、肩肉を食べてみよう」と言った。食べてみて彼女は気がついた、「何ておいしいんでしょう。あの人がいつも独り占めしたがったのも無理ないわ」。次の瞬間、彼女は突然ものすごく具合が悪くなり、タシュプが帰って来たときにはもう亡くなっていた。男は、女神たちが決めたことからは誰ひとりとして決して逃れることはできないのだと思い知った。

11 シラミの背中に黒い筋があるわけ

おいしいものを食べるのは、ほめ言葉を聞くのに似ている。
チベットの諺

昔のあるときのこと、私たちの住む、空はどこまでも青く、山々はどこまでも高く、雲は白く柔らかく羽毛のように大地に近く漂っているこの素晴らしい国では、動物と人間がともに働き、力を尽くし、言葉を交わしていた。

大きな山のふもとで、ある日のこと、シラミとノミが森に入り、木の山を運び下ろす用意をしていた。どちらも生皮の紐で木の束を縛っていたが、その場を離れるときになって、きっと腹が減ることだろうと思い、いっしょに石を三つ組んで、その上にスープと小麦粉と肉の入った大きな鍋を乗せた。それからその下で火を熾《おこ》し、戻って来るまで煮えたぎるに任せて、木を背負って先に山を下りたほうがそれを全部食べることにしようと決めた。

ノミには、遠くまで跳べるから、自分が先に家にたどり着く自信があった。ところが、ジャンプをするたびに木の束がずれて、何本かが抜け落ちてしまったので、その都度立ち止まってはそれを戻し、縛り直さなければならなかった。シラミはとぼとぼとゆっくり歩いて行ったが、着実に進んで行ったので、先にたどり着いて、鍋の食べ物を平らげてしまった。やっと到着したノミはカンカンになって腹を立て、「全部食べやがったな」と言い、空っぽになった黒い鍋をつかむと、それをシラミ目がけて投げつけた。シラミは背中をひねってヒラリとかわそうとしたが、鍋は見事にその真ん中に当たり、鍋の外側についていた煤のせいで、長く黒い筋が残ってしまった。

そういうわけなので、頑張ってシラミをつかまえてその背中を良く見れば、そこに黒い印のついているのを今でも見ることができる。

12 男と幽霊

太陽を待ち望むように、友人の帰りを待ち望め。
チベットの諺

昔のあるときのこと、細い山道を歩いていた男が幽霊と出くわした。幽霊はすぐに向きを変えると男と並んで歩き始めた。男はひどく驚いたが、それを幽霊に気づかれたくはなかった。ほどなく二人は川に突き当たり、どうしてもそれを超えなければならなかったが、橋も舟もなかったので泳いで渡るしかなかった。当たり前のことだが、男は水しぶきを上げながら水をかいだのでかなり大きな音を立てたのだが、幽霊はまったく音を立てなかった。

幽霊が男に、「水中でそんなに大きな音を立てるとは、いったいどうしたんだ?」と言った。

男は、「なあに、おれは幽霊で、何でもそうしたいと思うだけの音を立てる権利があるのさ」と答えた。

「なるほど」と幽霊は答えた、「どうやらおれたち二人はいい友だちになれそうだ。助けられるときはあんたを助けてやるから、あんたもおれに加勢できそうなときにはそうしてくれ」。

男は承知した。そうしてさらに歩いていくと幽霊が男に、この世で何よりも怖いのは何だと尋ねた。内心ではずっと震えていたのだが、男は目にするもので怖いものは何もないと答えた。そして、あんたは何が怖いのだと幽霊に尋ねた。幽霊は言った、「何もないさ。背の高い大麦畑を吹き抜ける風以外はな」。

やがて二人が町の近くまでやって来ると、幽霊は、これから町へ行ってくると言ったが、男は、疲れたから町はずれの麦畑で横になって、しばらく休むと答えた。町に入って行った幽霊は、幽霊たちがいつもそうするように大暴れをした。手始めに王子の魂を盗み、ヤクの毛で作った袋にそれを詰め込んで、男が寝ている麦畑の端まで持って来ると、「この袋の中に王子の魂が入っているんだ。しばらくここに置いておくから、代わりに見張っておいてくれ、別の場所で一仕事してくるから」と大声で叫んだ。

そう言うと、幽霊は袋を下に置いて行ってしまった。そこで男は聖なるラマに変装し、ツァンパの施しを受けながら、マニ車と袋を手に、町を目指した。到着するといきなり王子さまが死にそうだという声が聞こえて来たが、男には王子さまの身に何が起こっているのか分かっていた。そこで施しを求めて宮殿へ行くと、王さまの侍従が男にこう言った、「あなた様はこの上なく聖なるお方です。あるいは、王子さまの回復を手助けするためにおできになれることが何かあるかもしれません」。王子さまに会わせてくれるのならやってみましょう、と男は言った。

男を見た王さまが言った、「息子を治してくれたら、土地でも黄金でもウシでも何でも、持っているものを半分そなたにやろう」。男はやってみましょうと言い、ヤクの毛の袋を手に持って、仏教徒なら皆がそうするように足を組んで地面にすわり、ツァンパで小さな仏像を作ると、袋を開けてそれを中に入れ、魂を逃がしてやった。それから結び目を九つ作って袋の口を縛り、そこに息を吹きかけて何度も呪文と祈りを唱えた。そうして男がつぶやいている間に、ああ、王さまのもとに王子さまが回復したという知らせがもたらされた。父親は喜び、幸せに包まれ、約束を守って男に、持っているもののすべての半分を与えた。物語の語るところによると、幽霊が戻って来ることはなかったし、男のもとに置いて行った袋を返せとも言って来なかったので、「たぶんこれが人間と幽霊の間で習慣となっている礼儀なのだろう」と男は思った。

13 邪悪な継母《ままはは》

食い過ぎたトラはそれ以上は呑み込めない、だから ハゲタカは安心して下りて来られる。

チベットの諺

昔のあるときのこと、大きな平らな山の頂上にケンチョクという名の王さまが治めている国があった。美しい妻と結婚し、ニェマという名の息子が生まれた。息子を産むとき、お妃《きさき》さまは亡くなってしまったが、赤ん坊は生き永らえた。王さまは新しい妻を迎え、二人目の息子が生まれて、デエと名付けた。ある日のこと、あれこれ思い悩んでいたお妃さまがこう言った、「私の息子は王さまにはなれない。上の子に家督権があるから、きっとあの子が支配者になるんだわ」。

そこでお妃さまは陰謀を巡らせ始め、何とかして上の子を殺す方法を考え出せば自分の息子に王国を支配させることができると思った。

ある日のこと、お妃さまは重病を装い、うめいたり泣き叫んだりしながら床の上を転げ回った。その姿を見た王さまはびっくりして、「いったいどうしたのだ？」と叫んだ。するとお妃さまはこう答えた、「ああ、この病気は子供のころからのものなの、でも今ほど辛いことはなかったわ。治す方法はあるのだけれど、あまりにも辛く痛ましいことなので、今は死ぬのを待つしかないのよ」。

王さまが訊ねた、「そなたを治す方法とは何なのだ？　そなたには死んでほしくない、心がくじけて、もう王ではいたくなるからな。治療法を言ってくれさえすれば、助けられるのだ」。

お妃さまはしばらくためらっていたが、結局こう言った、「あなたの息子の一人を殺して、その心臓にバターを塗って食べなければならないのです。でも御承知の通り、上の子は王子で玉座を継ぐことになっていますし、下の子は私の血肉を分けた子です。この命を救ってくれると分かっていても、その子の心臓を食べるなどということはできません」。

王さまはひどく心を痛めたが、ついにこう言った、「そうか、私はどちらの息子も変わらず同じように愛しているし、どちらを選んでもこの心が痛むことに変わりはない。だが、一両日中に上の子を殺すとしよう、下の子を殺したら良いことはなさそうだからな」。

その少しあと、何が計画されているのかを知った弟が兄のところに行って訳を話し、「どうすればいい？」と尋ねた。兄は言った、「お前は父上とここに残って、王になれ。お前が殺されることはないだろうから、ぼくは逃げることにするよ」。それを聞いた弟はすまないと思い、ひどく心を痛めて言った、「兄さんが行ってしまうのなら、ぼくもついて行く。兄さんのいない所にはいたくなんかない」。兄が答えた、「分かった、好きなようにしろ」。その晩二人は夜中に、誰にも告げずにこっそり立ち去る手筈を整えた。どこかへ行くのだと悟られるのを恐れたので、ツァンパを持って行くわけにはいかなかったが、ツァンパ用の袋をいくつか持ち、ラマがそうするように、その中にツァンパで作ったトルマを入れた。トルマというのはツァンパを小さな円錐形にしたもので、ラマが祈りを捧げるときに使われ、ラマが声に出して経典を読むと、その中に悪鬼を封じ込めるとされているものである。

二人は月の一五日の真夜中頃に出発し、昼夜を問わずに旅を続け、いくつもの山や谷を越えて行った。乾燥ツァンパは底をつき、空腹と喉の渇きに苦しんだ。やっとのことである村に着いたが、そこには水がなかった。しばらくの間わずかな食べ物しかなく水も飲めなかったので、弟は弱っていった。そこでニェマが言った、「この小さな村にいて待ち、休んでいるんだ。ぼくが出かけて水を探して来る」。ニェマは水を求めて山を隈なく歩き回ったが、一滴も見つけることができなかった。弟を残して行った場所に戻ると、弟は亡くなっていた。ひどく嘆き悲しみ、墓標を建て、来世では幸せに暮らすのだぞと祈りを捧げた。そのときほど悲しい思いをしたことはなかったのだが、ニェマはその地を離れ、山脈を二つ越えるとある崖にたどり着いた。そこに大きなドアがあったので中に入ってみると、洞窟の中に世を捨てた年老いたラマがいた。ニェマの姿を見た老人が言った、「お前は善良な人間のようじゃな、見れば分かる。いったいどうしてこんなところにやって来たのじゃ？」ニェマが自分の身に起こったことやどうして家をあとにしたのかを語ると、老人はこう言った、「ここにいてわしの息子になればいい。お前の弟が生き返るよう神々に祈ってやろう」。数日後、本当に弟は生き返り、兄の足跡をたどって老隠者の住まいにやって来ると、二人はそのまま老ラマの息子としてそこで暮らした。

山の上のほうにあったその洞窟の下の方に、立派な王さまの住む町があり、その町の近くには大きな湖があって、人々は皆その水を使って畑を潤していた。その湖にはヘビの神さまが住んでおり、そのヘビの神さまが腹を立てて水をせき止めたりしないようにと、毎年生贄《いけにえ》を捧げなければならなかった。しかもその生贄には寅の年に生まれた人を捧げなければならないのだ。しかし、その年に生まれた人が残らず亡くなったりいなくなったりして、生贄にする人がひとりもいないという時がやって来た。ある日のこと、子供たちが王さまに会いに来て、言った、「ぼくたち、毎日山に登ってウシの番をしているんですが、そこにラマが住んでいて、男の子が二人いて、その上の子が寅年に生まれたんです」。そこで王さまは、それが本当なのかどうかを確かめるために三人の家来を行かせた。家来たちは山を登って洞窟へ行き、ドアと叩いた。ラマはドアを開け、「何か御用ですか?」と尋ねた。

「そのほうに二人の息子がいて、その一人が寅年の生まれだと王さまがお聞きになったのだ。湖の神に捧げるために、その子が必要なのだ」と家来たちは答えた。

「私はラマですよ、どうして私に二人の息子がいるというのでしょう?」とラマは答えて、ドアを彼らの鼻先でピシャリと閉めると、子供たちを大きな水樽に隠した。その態度に腹を立てた家来たちは石を拾って、ドアを叩き壊してしまい、隈なく男の子たちを捜し回ったが、用心深く隠されていたので見つけられなかった。がっかりした家来たちは石で老人を叩いた。それに我慢できなくなった二人は隠れている所から飛び出して、「ここにいるぞ、もう叩かないでくれ」と叫んだ。家来たちは年上の子を縛り上げて王さまのところへ連れて行った。彼が連れ去られてしまうと、ラマと弟はとても悲しくなった。家来たちはニェマを王宮に連れて行ったが、そのときはまだ生贄を捧げる時ではなかったので、ニェマは王宮の中庭を自由に歩き回る許しを得た。王さまには娘がいたのだが、ニェマがハンサムなのを目にして激しい恋に落ち、ニェマがどこへ行こうとその姿を追い続けるようになった。

とうとうその日が巡って来て、ニェマは湖に投げ込まれるために連れて行かれた。王女が、「どうかその人を湖に投げ込まないでください、どうしてもと言うのなら、私もいっしょに投げ込んでください」と嘆願しながら、あとからついて行った。

そんなふうにしている娘を見て腹を立てた王さまは、「いっしょに投げ入れてしまえ」と叫んだ。こうして二人いっしょに投げ込まれることになってしまった。ニェマはとても悲しくなり、こう思った、「ぼくが投げ込まれるのはかまわない、寅年生まれだし、ヘビの神さまが腹を立てたらみんなが飢え死にすることになるのだ。でも、王女さまがぼくのせいで命を落としても、何の役にも立たないのではないか」。王女のほうはこう思っていた、「私は女の子にすぎないから、私を投げ込んでもたいしたことではないけれど、このハンサムな若者の命を奪うのはひどすぎる」。

湖を支配していた神は、互いに心から愛し合う二人が死ななければならないのはかわいそうなことだと思い、二人が湖に投げ込まれるや、二人をそのまま岸まで運んで行ったので、二人とも溺れずに済んだ。それから神は二人に、もう生贄の必要はない、それがなくても水は十分に与えてやろうと告げた。

ニェマが王女さまに言った、「あなたはお父上のもとに戻り、ヘビの神さまの言葉を伝えてください。ぼくはしばらくの間ラマと弟に会いに行ってきます。二、三日のうちには戻って来ますから、結婚しましょう」。

こうして王女は王宮に、ニェマは洞窟に帰って行った。ニェマがドアを叩くと弱々しい声が返って来たので、ドアを開けると、年老いたラマがか細い声でこう言った、「私には息子が二人いましたのじゃが、ヘビの神さまに捧げるためにその一人を王さまが連れて行ってしまいましたのじゃ。私ももう一人の息子も、今は死を待つばかりなのです」。

「あなたの息子が戻って来たのですよ」とニェマは言って、体を洗ってやり、食べ物を食べさせてやったので、しばらくして二人は元気を取り戻し、再びニェマといっしょになれたことで幸せいっぱいになった。

王女が王宮に戻ると、その姿を見て誰もがうれしくなり狂喜した。ニェマは死んだのかと父親が訊ねると、王女はこう答えた、「いいえ、それに私がこうして生きていられるのもあの方のおかげなのです。ヘビの神さまはもう寅年生まれの人間の生贄も、ほかの年生まれの生贄も望んではいません。それに水はいつも流れ、決して涸れることはないでしょう」。

王さまと主だった家臣たちは、自分たちが救われたことや湖の神が思いのほか情け深いことを知って、奇跡が起こったと思った。それから王さまはニェマを連れて来るよう命じた。使いの者たちが送られたが、そのときは三人に、どうか山を下りてきてほしいと頼み込んだ。三人がやって来ると、王さまは皆を背の高い長椅子にすわらせて敬意を表した。

それから王さまがニェマにこう言った、「そなたは奇跡を起こしてくれた。本当にこの年老いた隠者の息子なのか?」ニェマは答えた、「いいえ、私はケンチョク王の息子です。私と弟は、生き永らえるために、王国と私の実母ではない王妃から逃げて来たのです」。ニェマが王子だと知った王さまは大喜びをし、娘を彼と結婚させた。王さまはニェマに娘ばかりではなく、すでに年老いていたので王権をも与えて、代わりに治めさせた。

ニェマは人々をみんな集めて祝宴を開き、七日間に亘って楽しいひと時を過ごしてもらった。玉座に就いたある日のこと、ニェマはデエ《ここでは弟の名はDowdとなっているが、冒頭に出ているDäwäデエとした》に言った、「弟よ、お前は家に帰って両親に会って来い、別れてからだいぶ経つからな」。新王は弟に装飾品や金銀を与え、みんなして一緒に行こうと決めた。ヤクにたくさんの荷物や贈り物を積み込み、すべての召使いたちと王妃さまを伴なって出発した。いくつもの巨大な山脈を半分ほど越えたところで手紙を書き、それを使者に託して先駆けさせ、自分たちの帰りを父に知らせた。二人の息子が生きていると知った父親は大喜びをし、家臣を出迎えに行かせた。皆を歓迎し、長男が王国を継いだことを知った父親は、王冠を弟に譲った。それこそがまさにその母親の望んだことであったのだ。訪問を終えると兄は王妃さまとともに自分の王国に戻り、二人で力を合わせて長く立派に国を治め、幸せに暮らした。

14 二人の悪鬼の物語

空高く飛ぶ金色のワシを縛ることはできない。
滔々と流れる急流をせき止めることはできない。
チベットの諺

ずっと昔のこと、少年や少女たちが走り回ったり遊んだりすると疲れてしまうこと間違いのない高いところにある国に、周りをすっかり森に囲まれた大きくて平坦な高原があった。その高原に大きな町がひとつと、それより小さな町がいくつかあって、そのすべてを七人の息子のいる王さまが治めていた。息子たちが森へ遊びに出かけたある日のこと、ヤクの番をしている美しい娘と出会った。娘は、自分は西のほうの王さまの娘で、ヤクがいなくなってしまったので探しに来たのだと言った。とてもかわいい娘だと思った七人の息子たちは、七人みんなの妻になりませんかと申し込んだ。それがその国の慣わしだったのだ。ところが、本当のところ、その娘は悪鬼で、ヤクはその夫だった。悪鬼は好きなようにその姿を変えることができるのだ。娘はヤクが自分の夫だということは言わずに追い払ってしまい、兄弟の妻となることを承知して、いっしょに家に帰った。

それからというもの、長男から始まって毎年息子たちが一人ずつ死んでいき、とうとう末っ子一人を残してみんな亡くなってしまった。その末っ子も重い病気にかかり、今にも死にそうになっていた。村の主だった者たちが寄り集まって、いったい何が起こっているのだろうと驚き怪しみ、自分たちが世話をし、知る限りのあらゆる治療を施してやった六人の息子がそろいもそろって亡くなってしまうとは何とも奇妙なことだと首をかしげ、つぶやき合った。そのことを何度も考えてみた彼らは、運命を言い当てることができるという男を呼び寄せ、原因が分かるかどうか確かめてみようと決心した。四人の男たちが選ばれ、その人に会いに行った。旅をしてその人を見つけると、六人の兄弟の死を包み隠さず話し、どうかサイコロを振って占い、事の真相を突き止めてほしいと頼んだ。するとその人は、これからちょっと横になって眠り、その出来事について幻視して、明日お話ししましょうと言った。実は彼にはどうしたらいいのか、何と言えばいいのかまったく分からなかったのだ。彼は本物の占い師などではなく、いかさま師にすぎなかったからだ。その晩、どうしたらいいだろうかと妻に相談すると、妻はこう言った、「前にも同じようなことでさんざん嘘をついて来たんだから、今さら嘘を重ねたからって何も起こりゃしないよ。今までだってうまく切り抜けて来たんだから、今度の事だってうまくやれると思うわよ」。

翌朝、四人の男たちがやって来ると、彼はこう言った、「はっきりと見えましたぞ。黒服と黒い帽子を取って来ますから、みなさんのために祈禱をしてさしあげましょう。みんなして宮殿に戻り、私が呪文を唱えてさしあげれば、何もかもうまく行くでしょう」。

そう言うと彼は片手に大きな数珠を持ち、もう一方の手にブタの頭蓋骨を持って、男たちとともに旅立った。一行が到着すると、女はどう考えたらいいのかまったく分からず、この男に本当に自分や夫のことや自分たちのしたことが分かるのかと怪しんだ。占い師はツァンパでトルマを作り、それをブタの頭蓋骨といっしょに病人の額に載せ、布で覆った。女の悪鬼が部屋を出ると病人はいくらか良くなったようで、眠りに就いた。そのことにひどくびっくりした占い師は、それからどうすればいいのか分からなくなってしまった。男が死にかけているのだと思ったのだ。事実、男の魂は女が立ち去る前にすでに半分ほど食べられてしまっていたのだが、女がいなくなるとまた力を回復してきたのだ。占い師はひどく怯えて二度三度と助けを呼び、どうやらずらかったほうが良さそうだと思い始め、荷物を取りまとめて走り出したが、ドアに鍵がかかっていて開けることができなかった。抜け出せるチャンスが巡って来るまでどこかに隠れることはできないかと思い、こっそり上に行き屋上に出たのだが、暗くてよく見えなかったので、開口部から落ちて、下にいたヤクの角の間にまたがってしまった。ヤクは振り落とそうとしたが、占い師を頭に乗せたまま走り出した。

女も怖かったので下にいた。ヤクが叫んだ、「こいつはおれたちの正体を突き止めたぞ、おれの頭のてっぺんに火を点けたんだ。おれが悪鬼だということもばれてる。護符を手に持って、おれを殺そうと、それで叩いているのだ。どうすればいい？」

妻が答えた、「あたしのこともばれてるわ。だからうっかり襲いかかってあんたを助けるわけにはいかないのよ。もう間違いなく、朝になったらみんなを呼び集めて、あたしたちを殺す策を立てるわ」。

二人は、この男ならきっと女たちを呼び集めて薪を持って来させ、自分たちを火あぶりにするか、何かほかの恐ろしいやり方で殺すに違いないと思った。

女が言った、「本当に、あたしたちが本物かどうかを確かめるために、あたしたちを石で叩いて傷つくかどうかやってみたり、あたしたちを切り開いて中に何があるのか見ようとしたり、火に放り込んであたしたちが燃えるかどうかやってみたりするに違いないわ」。

その間に占い師はヤクから転がり落ちてしまっていたが、すべてを聞いていたので、これからどうすればいいのかを知った。こっそり階上に戻ると、ツァンパで作ったトルマとブタの頭蓋骨を置き直して、再び祈りを唱え始めた。

そのとき王子さまが目を覚ましたので、占い師が、気分が良くなっていないかどうか尋ねると、王子さまは、「良くなっています」と言った。

男は言った、「それでは、朝になったら重臣たちを呼んで、国民みんなに銃や剣を持って来るよう、女たちの何人かには薪《たきぎ》を持って来るよう伝えさせてください」。

翌朝、みんなは占い師が命じたとおりに集まって来て、まるで仏像に供えるかのように薪を

〈町の〉中心地にぐるりと積み上げた。占い師は鞍《くら》をヤクにつけるよう頼み、黒い服を着こみ、ヤクに乗って町中を回り、積み上げた薪のところにやって来るとブタの頭蓋骨をつかんで、「このヤクの本当の姿を見たいものだ」と言いながら、ヤクを三回叩いた。ヤクはあっと言う間に悪鬼の姿に戻った。その顔はゾッとするほど恐ろしく、上の二本の歯が胸まで伸び、下の二本の歯は額にまで届いていた。周りに立っていた男たちが剣と銃でその悪鬼を殺した。そのあと占い師は女を連れて来させた。金切り声を上げながらやって来た女を占い師がブタの頭蓋骨で打つと、女もこの上なく醜い顔、鉤爪のような手、異様に長い舌、夫と同じような歯をした恐ろしいものに変わった。人々が石と短剣で彼女を殺して二人を火で焼き、競うように占い師を褒め称えると、占い師は病人のもとへと戻って行った。

王子さまはすぐに良くなり、喜んで占い師に、「欲しいものを何でも言ってください、差し上げましょう」と言った。

占い師は言った、「それでは、ヤクの鼻に付けて引っ張る木の輪をいくつかいただきたいのですが」（それを欲しがったのは、あんたにはうまく作れないとしょっちゅう妻に言われていたからである）。そこで王子さまが百個の鼻輪とヤク七頭に積んだ十分な物を与えると、占い師は家に帰って行った。

夫が帰って来るのを目にした妻は、お酒を持って出迎えた。その夜、どんなことがあったのかと妻が尋ねると、夫は二人の悪鬼が死んだことや王子さまが回復したことなどを語って聞かせた。

するとと妻はこっぴどく夫をなじってこう言った、「それで、もらって来たのはこれで全部なの？　干からびたチーズが少しとヤクの鼻輪がいくつかだけじゃないの。あした、あたしが行って、王子さまに会って来るわ」。しかし妻はその代わりにこういう手紙を書いた、「あなた様は夫にわずかなつまらないものと鼻輪をくださいましたが、それにはひとつの意味しかありません。つまり、あなた様の病気がぶり返すかもしれないということでございます」。

手紙を受け取った王子さまは、「確かにその通りだ。求められた物しか与えなかったが、もっとたくさん与えるべきだったのだろう」と言って、翌日、占い師を訪れてこう言った、「あなたは私の命を救い、私のために大いに尽力してくれた。だから、あなたをわが王国の半分の統治者にしてやろう」。こうして王子さまは占い師に自分と同じ権力を与えてやった。

15 賢い女

登るにしろ下りるにしろ、
押されたら梯子は危険なもの。
チベットの諺

ずっとずっと昔のこと、隣り合う二つの国があった。一つはもう一つよりちょっとだけ小さかった。遠いほうにある大きな国の王さまはケソンコントゥという名で、小さい国の王さまはタシという名前だった。大きい国の王さまが小さい国を支配下に置きたいと考えて、こう言った、「だが、まずは、あの王が策略に長けた賢いやつかどうか確かめてみよう。そうでなければ征服できるが、そうだったらやめておいたほうがいいだろう」。

王さまは色も大きさもまったく同じ牝ウマと子ウマを用意し、どちらが牝ウマでどちらが子ウマなのかを判別しろと小国の王さまに要求した。さっそく重臣たちが集まって来て、徹底的に調べてみたが、まったく分からなかった。その一人が家に帰って妻に話すと、妻はこう言った、「そんなの簡単なことよ。どうすればいいか教えてあげるわ。秣桶《まぐさ》を作って、そこに草を入れればいいのよ。母親のほうが餌を子ウマのほうに押しやるはずよ」。確かに妻の言う通りになり、こうして大国の王さまの最初の難題に答えることができた。

翌日、王さまは両端を同じようにした木切れを送りつけ、どちらが梢のほうで、どちらが根のほうなのか当てろと求めた。重臣たちがこぞって集まって来て、また徹底的に調べたが、やはり分からなかった。同じ重臣が妻に話すと妻はこう言った、「そんなの簡単よ。水の中に入れれば最初に梢のほうが下流に流れ、根っこのほうはあとから流れるわ」。みんなはその通りにやってみて、王さまのためにその日の謎を解いた。

すると大きい国の王さまは今度は雄雌二匹のヘビを送りつけて来たが、賢人たちの誰ひとりとして見分けることができなかった。例の重臣がまた妻のところへ行くと、妻はこう言った、「簡単よ、絹の布切れをそばに置いてごらんなさい。雌はそれをきれいで柔らかいと思ってその上に乗り、とぐろを巻いて寝てしまうけれど、雄のほうは逃げ出して、寝るのを嫌がるわ」。その通りにやってみると、果たして妻の言ったとおりになった。

そういうわけで大国の王さまは小国の王さまと戦うのをやめにした。なかなか利口なやつだと思ったからだ。小国の王さまは戦争を避けることができたと知って例の重臣を呼び、ほかのみんなができなかったのに、どうしてそなたはあの難題をすべて解くことができたのだと尋ねた。あれらについて私は何も分かりませんでした、妻のおかげなのです、と重臣は答えた。王さまはその重臣の妻を呼び、たくさんの贈り物を与え、その夫を王国の主席大臣に任命した。

16 三人の友だち

みんなに同意し、自分の意見を持たぬ者は、
馬勒であちこち引き回されるウマのようなもの。
チベットの諺

ずっとずっと昔のあるときのこと、山々の間に張りついている小さな辺鄙《へんぴ》な村に三人の友だちが住んでいた。そのうちの二人は大金持ちだったが、一人は貧しかった。ほとんど毎週のように楽しいひと時を過ごしに出かけ、いつも食べ物を持って行って、森で遊んだりおしゃべりしたりしながら一日を過ごしていた。お金持ちの二人はいつもちょっとした食べ物を持って行った。貧しい友だちは何ひとつ持って行かなかったが、いちばんの大食らいで、ほかの二人の残したものを平らげていた。そういうわけで二人は、一度でいいから出し抜いてやろうと企み始めた。

ある日のこと、二人はお弁当の入った袋を持って、山を巡る川に沿って下り、木々の間のちょうどいい日陰にやって来ると、そこでもう一人の友だち抜きで食事をし、楽しい時を過ごすこ

とにした。

〈置き去りにされた〉友だちは二人をあちこち捜し回ったが見つけられず、「あいつらは今日どこへ行くのかおれに本当のことを言わなかったから、あいつらを見つけられないのだ」と言って、妹にこう言った、「急いで箱を用意してくれ。それをここに持って来て、おれを中に入れ、それを川に流すんだ。そうやって川を流れ下って行けば、あいつらが隠れている場所に着くだろう。あいつらは大きな箱を見て、何か値打ち物が入っていると思って、おれを引き上げることだろうさ」。

　思った通り、一時間ほどのちにはお金持ちの二人は流れ下って来る大きな箱を見つけて大いに興奮し、ロープを用意すると、箱に投げかけて、岸に引っ張り上げた。

「おれたち、きっとすごいものを見つけたんだぞ」と二人のうちの一人が言い、待ちきれないかのように石やナイフを使って上板をはがした。ところが、出て来たのは二人が逃げて来た男だったので、二人はひどく腹を立てた。

　貧しい男が言った、「いったい何のためにお前たちはおれを引っ張り出したんだ？　今までおれはいつだってお前たちの食べ物を食べてしまい、おれは何も持って行かなかったから、とても恥ずかしくって、溺れ死のうと決めて、この箱に入ったんだ。でもお前たちが引き上げてくれて、すごくラッキーだった。お前たちがおれの命を助けたんだから、食べ物を出せよ、平らげてやるからさ。お前たちが悪いんだよ、おれを川から引き上げたりしたんだから。さあ、おいしく腹いっぱい食べようぜ」。早く食べようとせかせ、すっかり食べ終えてしまうと、彼はこう言った、「あのな、今度何かうまいものを持って来たときはおれに言ってくれよ。そうすればもう一度おれを川から引っ張り上げるような面倒をかけたりはしないからさ」。

17 ウサギとマルハナバチの賭け

手ぶらで来る役人にチャンスはない。
湿ったブドウの木でお茶は沸かない。
チベットの諺

ある日のこと、一匹のウサギが道端に生い茂ったうまそうな草の下にうずくまり、そのそばで一匹のマルハナバチが大きな黄色い花にとまっていた。おしゃべりをしているうちに賭けをすることになった。ウサギが、「ぼくは君よりも大きく体を膨《ふく》らませることができるぞ」と言うと、マルハナバチは、「できやしないよ」と答えた。そこで二匹はやってみることにした。ウサギが体を大きく大きく膨らませると、ちょうど通りかかった人が、「あのウサギを見ろよ、オオカミみたいに大きいぜ」と言った。続いてマルハナバチがどんどん体を膨らませると、通りかかった人が、「あのマルハナバチを見ろよ、ヤクみたいに大きく見えるぞ」と言ったので、マルハナバチが賭けに勝った。

18 ライオンを殺したウサギ

敵に約束をするな、剣を持っているのだから。
チベットの諺

ずっとずっと昔のこと、山々が溶け、木々が燃え、動物たちが残らず死に絶えてしまう前のこと、太陽があまりに熱くなって山々が崩れ落ち、平地と同じ高さになってしまった。そのとき地上で動物たちの王さまだったのがライオンで、すべての動物たちは毎朝ライオンのところにやって来て、頭を地面にこすりつけて挨拶しなければならなかった。ある日のこと、すばらしく柔らかい草の寝床にいたウサギが、とても気持ち良かったので、ライオンに挨拶しに行く気になれないでいた。そんなことをしたって何の得にもならないし、そもそもライオンがどこにいるのかも知らなかったからだ。とにかく素晴らしい時を過ごしていたとき、突然、王さまが目の前に立ち、雷雲のようにウサギを見下ろして、こう言った、「おい、鼻先の裂けた悪党め、こんなところで草を食いながらのんびりと過ごし、おれに挨拶しに来なかったな。ほかの動物たちはみんなおれに敬意を表しに来たぞ。お前は命の大切さを知らないというのか？」

ウサギは、「今こそライオンに大嘘をつかなければ、きっと殺されてしまうに違いない。この身を守るために大嘘をつかなければ」と思い、とても丁寧にこう言った、「今朝、あなた様に敬意を表しに参ろうと立ち上がり、川の流れのところまで行きましたところ、その中に大きな女の悪鬼がいて、怖くなったものですから、ちょっと前にここまで逃げ帰って来て、草の中に隠れたところなのでございます」。

「その悪鬼がお前を痛めつけたのか？」とライオンが尋ねた。

ウサギは答えた、「いいえ。痛めつけられはしませんでした。私が通り過ぎようとしたときに大声を上げただけなのですが、私には心臓が二つに裂けてしまうのではないかと思えたのでございます。私にとってはそれだけでもうたくさんでございましたが、悪鬼が、『おい、足の短いチビ助め、そんなに急いでどこへ行くのだ？』と尋ねて来ましたので、私は、『動物たちの王さまに敬意を表しに行くところでございます』と答えました。すると悪鬼は、『では、確かめに行くとしよう、息子よ、そやつとあたしと、どっちが偉いか決着を付けようではないか。そのライオンをあちこち捜《さが》し回っても見つけられないだろうから、そいつに挨拶《あいさつ》しに行くのなら、あたしのいるこの川まで来い、そうすればどっちが動物たちの支配者か分かるだろうと、あたしの代わりに伝えてくれ』と言ったのです。ですから、その悪鬼に何か言いたいことがございましたら、私が伝えに行ってまいります。あなた様がそこまで行く必要はございませんでしょうから」。

ライオンは答えた、「お前に言うことは何もないが、その悪鬼には言っておきたいことがあるから、そこまで出向いて、自分で言うことにしよう。この世にはおれより大きいやつとか、大きいと自惚れることができるようなやつも悪鬼もいないし、動物たちを支配できるやつもいない、何しろこのおれ様がいちばんでかいんだからな。もしそいつがおれに勝ったら、おれはイヌも同然になって、そいつに支配権を譲ってやろう」。

「もう後に引けなくなってしまったぞ。案内して自分の目で確かめてもらうしかないな」と思ったウサギは、ライオンを川まで連れて行った。自分の姿を見たライオンは毛を逆立て、尻尾を盛んに動かした。

ウサギが上へ下へと跳びはねながら、「そこにいるぞ、そこにいるぞ」と叫んだ。するとライオンは見境いなくカッとして、闘おうと川に飛び込み、溺れ死んでしまった。

19 大きな宝石を失った王さま

月すら見えないときに泥棒はヤクの子を盗む。
チベットの諺

昔のあるときのこと、大きなダイヤモンドを持っている王さまがいて、それを褒《ほ》めちぎっていた。太陽の光を当てて、それがきらめくのを見るのが好きだった。王さまには心底から不誠実な召使いたちがいて、王さまからその宝石を奪ってやろうと決心し、自分たちに疑いが向けられることのないよう、王さまの目の前でそれが消えてしまうようにしてやろうと策を練った。王さまはいつもそれを外に持ち出して光を当て、その中に虹の色が見えるようにしていた。その日、王さまが宝石を外に持ち出し、かなり離れた所に置いて見ると、それはきらきらと光り輝いていたが、そのきらめきがだんだんと弱くなっていき、ついには王さまの目の前で消えてしまった。王さまと召使いたちは捜しに駆けつけたが、見つけることはできなかった。召使いたちが王さまの目を欺くために氷を使っていたからである。こうして王さまは、かけがえのない宝石を失ってしまったのだ。王さまの目の前で消え失せたので、誰ひとりとして責任を問われることはなかった。

20 三人の猟師の物語

仕事ぶりの良し悪しがどうであれ、それがどう評価されるか、その結果がどんなに遠くまで伝わるか、私たちには分からない。

チベットの諺

昔のあるときのこと、世界がまだできたばかりで、今と同じように人々が愛し合ったり憎み合ったりしていたとき、山の中の村に猟師をしている三人の兄弟が住んでいた。兄弟には、それぞれ結婚して妻がいたが、みんなといっしょに住んでいる一人の妹もいた。ある日のこと、狩りに出かけた兄弟は一頭のシカを持ち帰った。それぞれに食べたいだけの肉を自分のものにすると、脚の骨を一本妹にあげた。妹がそれを砕き、骨髄を取り出して焼くと、とてもおいしそうになった。すわってそのごちそうを食べていると、上の二人の兄弟の妻が、どうしてなのかを説明するのは難しいのだが、ひどく腹を立てた。腹の虫がおさまらない二人は、何とかして妹を殺してしまおうと決心して、言った、「兄弟たちは妹のことばっかり大切に思って、あたしたちのことなんかどうでもいいと思っているんだから、あいつを始末してしまいましょうよ」。

兄弟がそろってまた狩りに出かけたとき、女たちは今こそその時だと思った。末っ子の妻はそんなことに手を貸したくはなくて、妹は自分の分の肉をもらっただけなのだから、そんなことをするのは悪いことだと言った。けれども、上の二人の兄弟の妻は、何が何でも殺すのだと決めていた。兄弟たちが家に戻る途中で立ち止まって休憩していると、木に止まった小鳥が何度も何度も同じさえずりを繰り返した。とうとうひとりが、「あの鳥はおれたちに何か言いたがっているんじゃないか。ちょっと行って確かめてみるよ、妹の声みたいに聞こえるんだ」と言って、小鳥がとまっている木に近づいて、「君がおれの妹なら、この手に止まれ」と言った。小鳥がピョンとその手に止まったので、みんなは泣き出した。妹が死んでしまったのだということが分かったからだ。家に帰ってみると、三人の妻はいたが、妹の姿は見えなかった。そのことについて三人は何も言わないでいた。あとで一番下の妻が泣いているのを見たが、彼女は理由を言おうとはしなかった。理由は分かっている、妹に会ったんだ、妹の魂が小鳥に入り込んでいたんだよ、と三人が言うと、若い妻はやっと何が起こったのかを打ち明けた。カッとした三人は上の二人の妻を殺し、三人目の妻といっしょに暮らした。

21 猟師と一角獣

信仰を持たぬ老ラマと幸せを感じない心はひどく人を傷つける。
チベットの諺

ずっと昔のあるとき、人々の心が邪悪で、親切にしてもらっても感謝すらしなかったときのこと、ひとりの猟師が道を歩いていて崖から落ち、もう命を断つしかないと思うようになった。それでもどうしたら道に戻ることができるかと思いを巡らせていたとき、一角獣がやって来て立ち止まり、男を見下ろした。男は頼み込み、哀願して、「あなたはとっても親切な一角獣です。私はこれまで、狩りをしてお腹がすいているとき以外には、動物に危害を加えたことはありませんし、あなたにも決して危害を加えません」と言った。そうやって言葉巧みに頼み込むと、ついに一角獣は下りて来て、男を道まで助け上げてやった。無事に危機を脱した男は、「これで帰る道は分かったから、もうお前には用はない」と言って、銃を手にすると一角獣を打ち殺してしまった。ところがどっこい、それは一筋縄ではいかない道で、グルグルとあちこち歩き回ったが、終わりも見えず、出口も見つからなかった。殺す前に一角獣に正しい道を聞いておけばよかった、と男は思った。とうとう疲れ果て、体力もなくなり、腹も減ってしまったが、助けに来る人は誰もおらず、また崖の下に落ちて死んでしまった。

教訓——実力以上のことが分かっているとは思うな。

22 三キロの銀塊は誰のものか

役人が強欲なら噂はあっと言う間に広まる。
貧乏人が肉を食い、酒を飲んでも同じ。
チベットの諺

昔のあるときのこと、山の斜面にあるちっぽけな小屋に、目の見えない年老いた木こりが住んでおり、良くその世話をしている孝行息子がいた。その息子が、ある日、薪を運ぶために山に登り、それを背負って細い険《けわ》しい道を下っていたとき、小さな皮の袋を見つけた。中には三百グラムの銀塊が十個入っていた。それは莫大な財産であり、彼と父親にとっては残りの生涯を安楽に過ごせるほどのものであった。急いで帰宅した息子に父親が、いったいどうしたのだと尋ねると、息子はこう答えた、「何でもないよ。さっき、銀塊の入った袋を見つけたんだけど、誰にも言わないでおこうよ」。すると父親が言った、「だめだ、わしらは正直じゃなくちゃいかん。ここに出して見せてみろ。村長のところへ持って行って、何もかも包み隠さず話すんだ」。老人はそれを袋から出し、隈なくなでさすると再び袋に戻し、役人のところに持って行くよう息子に言いつけた。

ある日のこと、ひとりの男が歩いて入って来て、銀塊の入った袋をなくしたと言った。すぐに見つけてやれると思った役人は、例の若者を呼びにやり、袋を持って来るよう言った。いとも簡単にお金の入った袋が見つかりそうだと思った男は、ひとつ難癖をつけてやろうと思い、袋には二十個入っていたのであって、若者が十個盗んだのだと役人に申し立てた。村長は召使いの一人に静かにこう言った、「出かけて行って、この件について盲目の男の話を聞き、何て言ったかを戻ってから聞かせてくれ」。

さて、戻って来た召使いは、老人の言ったことは若者の言ったことと同じでしたと報告した。銀塊について難癖をつけた男は立ったまま待っており、十個だけではなくもう十個よけいに手に入るぞとワクワクしていた。役人はこう言った、「この銀塊は若者のもので、あなたのものではありません。あなたのは二十個入っていたものであり、これには十個しか入っていません。御自分のものをどこかほかのところで探してください。これは年老いた父親を支える手助けとして若者に与えることにします」。

23 王子の友だちの物語

山に宝石を持たぬ者は盗賊を恐れる必要がない。
チベットの諺

山奥のそのまた奥に村があり、その村にとても賢い王さまとひとり息子が住んでいた。近くに川が流れており、上流には大きな池があって、川はそこから流れ出してみんなの畑を潤していた。その池の、川が流れ出している裂け目のところに地獄の住人である大きな二匹のカエルが棲んでいた。そのカエルに、毎年何人かを生贄《いけにえ》に捧げないと、水を供給している裂け目にカエルが陣取ってしまい、水の供給が断たれてしまうのであった。どの家族も交代で子供という代償を払ってきており、今や、毎年の生贄を捧げる順番が王さまのところに回って来たのだった。年老いた王さまは、自分か息子か、どちらが行くのがいいだろうかと考え始めた。実はどちらも自分こそ行くべきだと考えていたのだ。父親が言った、「わしは老人だ。わしが行って食われても、何の問題もない。もうこれ以上長生きしようとは思わないからな。だから、息子よ、わしが行ったら、そなたは良い支配者となって、賢く人々を治めなければならんぞ」。

王子さまが父親に言った、「そんなことはぜったいにだめです。父上はこの国の人々にとって良き王であり、新しいお妃さまを迎えれば、たくさんの息子を得ることができるでしょう。ですから、このことについてはもう何も言わないでください。私が行きますから」。

ある朝、その場所を目指して王子さまは出発した。人々がみんなしてしばらく王子さまに付き添った。自分たちと父親に別れを告げる王子さまの姿を見てみんなはとても悲しくなったが、しばらくすると、ただ一人、幼いころからの友だちを除いて、みんな家に帰って行った。友だちは泣き叫び、悲しみに暮れながら、いつまでも王子さまの後《あと》をついて来た。クルリと向きを変えて王子さまが、「帰らなきゃだめだ。お父さんのいい息子になって、お父さんが年を取ったら、ちゃんと面倒を見てあげるんだ」と言うと、その友だちはこう答えた、「ぼくが貧しい子供だったとき、あなたはぼくを気にかけてくださいました。食べる物も着る物も与えてくださいました。ですから、あなたがあんなカエルに食べられるために行く必要はありません。ぼくが代わりに行きます」。

王子さまはそんな計画に耳を傾ける気はさらさらなかったものの、友だちが帰ることを拒んだので、二人はそのまま先へ進んで、峡谷の入口に到着した。そこで緑色のカエルと黄色のカエルがすわって話しているのを二人は見かけた。黄色のほうが緑のカエルに向かって、こう言った、「王子とその友だちがやって来るぞ。もしあいつらが賢かったら、土くれでおれたちを殺せるのにな。そうすれば欲しいだけ水は手に入れられるし、望んだときに黄金でも宝石でもいつだって吐き出せるようになるんだがな。でもあいつらにはカエルの言葉なんか分かりゃしないから、おれたちが話していることなんて分からんさ」。ところが、王子さまには理解ができた。その頃、王さまとその息子なら誰でも動物たちの話していることが分かったからだ。そこで王子さまは友だちに話し、それぞれ棍棒を手に取ってカエルを殺し、食べてしまった。すると、たくさんの水が裂け目から流れ出して来た。

「さあ、カエルは食べてしまったから、もう害をなすものはいなくなりました。家に帰りましょう」と友だちが言った。

しかし、王子さまはこう答えた、「いや、遠くの国へ行くほうがいいと思う。みんなはぼくたちがカエルに食べられてしまったと思っているだろうから、もし今帰ったりしたら、ぼくたちのことを幽霊だと思って、すごく怖がるだろうからね」。

そういうわけで二人は山を越え、反対側に出て、女とその娘が切り盛りしている居酒屋に立ち寄った。

「お酒をお願いします。少し飲みたいんです。おいくらですか?」と二人は言った。お酒が出されると、二人は宝石をいくつか吐き出し、それで支払いをした。

二人がお酒の代金を吐き出す様子を見ていた二人の女は、正体なく酔いつぶしてしまえばたくさんの黄金を吐き出してくれるだろうと思って、「もう少し飲んでくださいな、もっと飲んでくださいな」と言った。やがてすっかり気持ちが悪くなってきた二人は、部屋中に黄金や宝石を吐き出した。女とその娘はお金持ちになる以上のものを手に入れた。

酔いがさめ始めたとき、二人はたくさんの宝石を吐き出してしまったのではないかと心配したが、何をしたのか覚えていなかったので、ちょっぴり恥ずかしくて尋ねなかった。

二人は旅を続けて、やがてたくさんの子供たちが遊んでいる広い草原にやって来た。何かを巡って言い争っており、誰もがそれは自分のものだと言い張っていた。何を争っているのだと旅人たちが尋ねると、子供たちはこう答えた、「ぼくたちね、かぶると姿が見えなくなる帽子を見つけたんだ、幽霊になっちゃうんだよ。だからみんな欲しがってるんだ」。

王子さまの友だちが言った、「争うことなんかないよ。みんなあそこまで行って、ここにいるぼくのところまで競走するんだ。帽子はいちばん早くぼくにタッチした子のものだ。ぼくが持っていてあげるからね」。

すぐに子供たちは駆け戻って来たが、男が帽子を被ってしまったので、たどり着いたときには男も帽子も見えなくなっていた。あちこち捜してみたが、結局見つけられずに家に帰るしかなかった。子供たちがいなくなってしまうと男は帽子を脱いで懐にしまった。男と王子さまはそれからも旅を続け、たくさんのサルが争っているところにやって来た。何を騒いでいるのかと尋ねると、サルたちはこう答えた、「長靴を見つけたんです。それを履いて、行きたいと思う所を思い浮かべさえすれば誰でもあっと言う間にそこへ行けるので、みんな欲しがっているんです」。

王子さまの友だちが言った、「さあ、けんかはやめるんだ。それをぼくに預けて、みんな向こうへ行き、競走をするんだ。勝ったものが長靴をもらえばいい。その間はぼくが預かっておく」。サルたちが行ってしまうと彼は上着から帽子を取り出して頭にかぶったので、戻って来たサルたちにはその姿が見えなかった。あたりを隈なく捜したが見つけられなかったので、とうとうサルたちは長靴を諦めて行ってしまった。

そこで王子さまとその友だちは片方ずつ長靴を履くと、王子さまが、王さまが亡くなった国が見つかりますようにと願った。そこの新しい統治者になろうと思ったのだ。それから二人は寝に行った。翌朝目を覚ますと、二人は空洞になった巨木の真ん中にいて、その周りには、その日新しい王さまを選びに来た大勢の人たちがいた。

みんなはそこに立って空の神さまに、どうかツァンパで作ったトルマを雲から投げ落としてください、誰であれ、それが当たった者が王さまになりますと祈っていた。トルマは落ちては来たが、彼らの中の誰かに当たる代わりに巨木に当たった。「これじゃあどうしようもない。おれたちは木を王さまにしたことはないからな」とみんなが言った。ところが、そこにいた一人の老人が、「誰か木の中にいないかどうか見てみよう」と言った。のぞき込んだ人々は、中に王子さまとその友だちを見つけたが、誰も喜ばなかった。

「これじゃあどうしようもない。おれたちはこの人たちのことを知らないし、父親や母親のことも知らない。たぶんこの人たちは悪い人たちだろうから、今この人たちを選ぶのはやめておこう。明日もう一回別のやり方をやってみて、いちばん値打ちのあるものを吐き出した者を王さまにしよう」。

翌日、ミルクをたらふく飲んだ一人が吐いてそこらじゅうを真っ白にし、緑色のものを食べた別の人は吐いて緑色にし、その他の者たちもそれぞれに別のものを吐き出した。王子さまが金を吐き出して、「分かったろう、ぼくが王さまだ」と言うと、王子さまの友だちは宝石を吐き出して、「分かったろう、ぼくが主席大臣だ」と言った。こうして二人はその国の王さまと主席大臣になった。

王さまは美しい娘を見つけて、お妃さまにした。王さまには二つの館があり、一つは高い山々のてっぺんに、もう一つは町の中にあった。毎日お妃さまはその高いところにある館にしばらく出かけていたが、王さまはお妃さまがそこへ行っていることは知らなかった。けれども、友だちは気づいていて、どうして毎日その館へ行くのだろうと不思議でたまらなかった。「会いたい、見たいと思っている誰かか何かが、そこにあるに違いない」と思った彼は、魔法の帽子を被り、山に向かって出かけたお妃さまの後からついて行った。お妃さまは開いたドアを通って中に入り、階段をのぼって上にあがり、また別のドアを通り抜けてまた上にあがり、そうやって五つの階を越えて、とうとう館の屋上にたどり着いた。そこはじゅうたんが敷かれ、カーテンが巡らされて美しくしつらえられていた。お妃さまはいつもの服を脱いで、入浴し、香水をつけ、絹やサテンのチュパをまとい、お香をくゆらせた。王子さまの友だちはすぐそばにすわっていたが、もちろんその姿は見えなかった。二、三時間すると、一羽の美しい鳥が空から舞い下りて来た。お妃さまはお香に火を点け、それを手に持って、館の屋上の自分の近くにある石の上に止まった鳥の前へ行った。それは本当は神さまの息子であって、鳥に変装して、外側を羽衣つまり鳥の服で覆っているだけなのであった。お妃さまが彼のために食べ物を用意すると、彼は鳥のチュパから抜け出して来てお妃さまの手を取り、こう言った、「君の夫は神々によって王さまに選ばれたのだが、良い支配者かい、それとも悪い支配者かい？」

お妃さまは答えた、「私はあまりに若いので、あの人がいい人なのか悪い人なのか、言うことはできないわ」。

やがて二人は別れを告げ、お妃さまは、また明日の朝来てくださいねと頼んだ。男は鳥のチュパをまとって飛び去り、お妃さまはいつもの服に着替えて宮殿に戻って行った。

翌朝も同じだった。王さまの大臣はまたもや姿を消して、お妃さまについて行った。神さまがお妃さまに言った、「明日鳥の姿で王宮に行って、王さまが善良で賢いか、ハンサムかそうじゃないかを、この目で見てみるとしよう」。

翌日、お妃さまがやって来る前に主席大臣はお妃さまに関することを包み隠さず王さまに打ち明け、お妃さまが毎日あの山の上の高い館に出かけて神さまの息子と会っていること、自分は姿を消す帽子を被ってその後について行き、二人を観察したこと、二人には姿が見えなかったので、すべてを知ることができたことを語った。

そしてこう言った、「ですから明日は、大火鉢《ホペン》にがんがん炭をおこして、剣を持ち、彼を殺してください」。

翌朝、王さまと主席大臣と廷臣たちがそろって燃える火を囲んですわっていると、鳥がやって来て、みんなの真ん中にある段の上にぴょんと飛び乗った。大臣は帽子を被っていたのでその姿は見えなかった。大臣が鳥の尾羽をサッとつかんで火を放ち、王さまが剣を手にして鳥を斬り殺そうとしたとき、お妃さまがその腕にすがりついて、何としてもそうさせまいとした。鳥の背中と翼が少し焼けてしまったので、鳥はやっとのことで空に飛び去って行った。そ の翌日、お妃さまはまた高い城に向かい、もう一度美しい服に身を包んだ。大臣もついて行った。お妃さまは長いこと待ち続け、起こってしまったことをものすごく悲しんでいたが、その日、鳥はとうとう姿を現わさなかった。それからしばらくしたある日のこと、鳥がとてもゆっくりと舞い下りて来た。体中火傷《やけど》してとても具合が悪かったからだ。お妃さまはその手を取り、すすり泣いた。

彼は言った、「泣くことはない。王さまはとてもいい人で、おまけにハンサムだ。でも、どうして私を焼き殺そうとしたのだろう。この数日、この火傷のせいでひどく具合が悪くて、うまく飛ぶことができない。これからは月に一回しか会いに来ることができない、毎日というわけにはいかない」。そう言い残して、彼はゆっくりと飛び去って行った。

お妃さまは王さまのところに戻り、神さまの息子が月に一度しか会いに来なくなってしまったので、前よりも王さまを愛するようになった。

主席大臣は、ある日のこと、魔法の帽子を被り、長靴を履いて、女とその娘が営んでいた居酒屋の、お酒で酔いつぶれた場所に戻りたいと願った。その途中、小さなラマ寺院の扉の前を通り過ぎたとき、ちょっと寄り道をしてのぞき込むと、そこの管理をしている二人の老人が紙にロバの絵を描いていた。その紙を裏返すと、一人がロバに代わり、立ち上がって耳障りな声でいななきながら転がるように寺院の中を走り回った。どうやら紙を一方に裏返すと人間がロバになり、反対向きに裏返すとまた人間に戻るようであった。その奇妙な紙とそれが引き起こす遊びに飽きた老人は紙を巻き上げて、大きな仏像のうしろに隠した。魔法の帽子を被っていたので老僧の目に見えなかった王子さまの友だちは、そっと中に入って行ってその紙を盗み出し、居酒屋に行くと、こう言った、「この間飲んだお酒の代金を払いたいんだ。ここに一五グラムの銀塊があるけど、紙も上げよう。それを裏返せばたくさんの黄金が手に入るぞ」。二人は、そんな簡単なことでお金持ちになれるのなら、こんなうれしいことはありませんと言った。大臣は紙を渡した。二人がそれを裏返すやいなや、二人ともロバになってしまった。その二頭を引いて王さまのもとに戻ると、王さまはそのロバに宮殿を修理する木材や土を運ばせた。二頭は空腹のあまりに死にそうになり、やっと生きているようなありさまとなり、そんなふうに働いたり運んだりしながら三年が経つとすっかり体を壊し、背中はただれてずきずきと痛むようになった。

ある日、涙をポロポロと流しているその姿を見た王さまがこう尋ねた、「あのロバはいったいどうしたのだ、なぜ泣いているのだ？　お役御免にしてやり、あんまりひどく働かせないでやってくれ」。大臣が例の紙を持ち出し、それを裏返して二人をもとの姿に戻してやると、二人は家に帰って行った。そうしておいてから大臣は王さまに、あの者たちが昔私たちをひどくあしらったので、罰してやったのですと説明した。

24 猟師を救ったカラス*

愚かな役人が巧みな言葉を語るのは雷が青銅の塊を割るのと同じくらい難しい。

チベットの諺

昔のあるときのこと、食べる物にも水にも困っているとても貧しい男がいて、狩りをして暮らしていた。ある日、狩りに出かけ、丘を登ったり下りたり歩き回ったりして、とうとう山の頂上にたどり着いたが、腹も減り、疲れ果て、喉もカラカラになった。一日中何も食べていなかった。さてどうしようかとしばらく立ち止まってあれこれ思い悩んでいた。周りを見ると遥か下に谷が見え、冷たい川が流れていた。山を下りながら葉っぱでコップを作り、川までやって来ると葉っぱのコップに水を満たして飲もうとした。まさに飲もうとしたそのとき、大きなカラスが舞い下りて来て、その翼でコップを叩き落とした。偶然だろうと思った猟師が再び水をくむと、年を取ったカラスがまたそれを叩き落としたのだ。

三回目の水をくみ、カラスがまたそれを叩き落とすと、猟師は鳥に腹を立て始め、カッとして、

「いいだろう、お前を片付けてやる」と言い、弓を引いてカラスを射殺してしまった。鳥が死ぬと男は、どうしてこいつはおれに水を飲ませたくなかったのだろうと不思議に思った。「今は飲まないほうがいいのかもしれない。水源に行って、川がどこから流れ出しているのか見てみよう」。川を少し遡った猟師は、川が大きなヘビの口から流れ出しているのを知った。両岸を見渡すと、その水を飲んで死んだたくさんの鳥や動物の骨が散らばっていた。自分の命を救おうとしてくれたカラスを殺してしまったことに気づいた猟師は、悲しみに暮れた。

＊　チンギス・ハーンにまつわる類話が語られているらしい。

25 二人の泥棒（黒テントの物語）

親切な人のいるところは居心地が悪い。
腐った食べ物のあるところは臭い。
チベットの諺

昔のあるときのこと、ロソンとアタという名の二人の泥棒がいた。ある日、二人は出かけ、山を下りて、ある金持ちのウシの群れから一頭を盗み出した。その牝ウシを谷に追い込み、誰にも見られない所で殺した。二人は肉を残して胃と腸を洗いに行くのをためらっていた。どちらも、相手が肉を持って逃げてしまうのではないかと恐れていたのだ。アタは大きな牛肉のそばにいたかったので、あれやこれやとロソンを説き伏せて、ついに腸を洗いに行かせることに成功した。二人とも、金持ちが自分たちのしたことに気づくのではないかと恐れていた。ロソンは何度も何度も繰り返し腸を洗いながら、どうすればアタの分け前の肉を騙《だま》し取れるだろうかと考えていた。アタはアタで、どうすればロソンの分を騙し取れるかと、すわって策を練っていた。ロソンが最高の計略を思いついた。胃袋を手に取り、できるだけ大きくパンパンになるまで息を吹き込んで膨らませ、棒を拾い上げるや、大きな太鼓を叩くように叩き始め、その都度わめき声を上げた。それを聞いたアタはびっくり仰天して、こう言った、「わあ、大変だ、あいつが捕まって、さんざんに殴られてるんだ。臓物を洗いにあそこに下りていたら、おれも捕まっていたに違いない。さっさとずらかれば、盗んだのはあいつだけだと思われるだろう」。そう言ってアタはあっと言う間に逃げてしまった。戻って来たロソンは牛肉を残らず独り占めし、あいつから肉を取り上げるなんて簡単なことさと、ほくそ笑んだ。

26 金のカボチャ（黒テントの物語）

ヒツジ飼いがヒツジの群れを守れば、力がなくとも百人の命を救える。
チベットの諺

あるときのこと、世界の片すみの、山々の上に二人の仲良しの老人が住んでいた。二人とも小さな庭を持っていた。一人は生まれつきの善良な老人、つまり、清らかな心の人だったので、善良であろうと頑張る必要などなく、動物や鳥を愛し、小さな庭で心から幸せに暮らしていた。ところが、もう一人の老人は、裕福になりたいものだと心から望んでいた。ある日のこと、最初の老人が、足を怪我した小鳥を庭で見つけた。それを保護し、世話をしてやり、可哀そうに思って治療をし、毎日餌を食べさせてやった。やがて飛べるようになると、老人は小鳥を放してやった。小鳥は間もなく一粒の種をくわえて戻り、「この種を蒔いてください。とっても素晴らしいカボチャの種なんです。世界でいちばん素晴らしい種なんです。良く手入れをしてくださいね、きっとですよ」と言って、老人にあげた。

老人がそれを蒔いて水をやっていると、ついにその蔓《つる》にカボチャが一つ実った。ところが、それは途方もなく大きなカボチャで、寒い季節になってそれがすっかり熟したときに、引きずって家に運び入れようとしたのだが、老人にはどうしても運ぶことができず、五人の男たちに手伝ってもらって、やっとのことで家の中に入れたのだった。やがて、少し食べてみようと思って外側の皮をむいてみると、それは紙のように薄くて、洗うと純金になった。老人は今や大金持ちになったが、そのお金をいいことに使い、貧しい人々に与えたり、必要とするすべての人たちを助けてやったりした。ある日、隣りの老人がやって来て、そのカボチャの種とやらは、いったいどこで手に入れたのだと尋ねた。老人は小鳥とのことを話して聞かせた。〈隣りの〉老人は家に帰ると、うらやましくてたまらなかったので、自分も金持ちになれる策を考え出そうと思った。

彼は弓と矢を持って庭に忍び出ると、小鳥が木に止まるのを待った。そしてわざと矢を射かけて、その足を傷つけ、注意深く拾い上げると、小鳥が怪我したことを悲しむ振りをして、傷が治って飛べるようになるまで介抱《かいほう》してやった。果たして、ある日のこと、小鳥は種をくわえて戻って来ると、これはとても素晴らしいものだからと言って、どうやって蒔き、どうやって手入れをすればいいのかを話した。やがて芽を出してどんどん大きくなった。ついに冬になると、老人は五、六人の男たちに頼んで、カボチャを家に運び込んでもらった。「これでわしも金持ちになれる」と思って、老人は喜んだ。待ちきれずにナイフを手に取ると皮に切り込んだ。ほんのちょっと切っただけで大きくポンと割れ、荒々しい老人が飛び出して来て、「おれは閻《えん》魔《ま》大王に頼まれて、お前の重さを量りに来たのだ」と言い、老人の首根っこをつかむと、持って来た秤に乗せて、こう言った、「お前は軽すぎて、何の役にも立たん」。そして、あっと言う間に外に連れ出すや、その首を断ってしまった。

貪欲の罰とはそんなものである。

27 禿げ男の物語

甘いものを食べ過ぎると、もはや甘いかどうか分からなくなる。
人間の中の悪は、表に現われればすぐに分かる。
チベットの諺

世界がまだ若くて、男も女も邪悪な心を持っていたせいで悪意に満ちていたあるときのこと、とても貧しい男とその妻が住んでいた。魔物がやって来て二人に取りつき、二人とも病気にしてしまった。豊かではなかったので、呪文を唱える聖なるラマを招くことができず、代わりに俗人の僧に来てもらった。しばらく呪文を唱えているうちに、僧はひどく腹が減って来てしまった。手を尽くした食べ物をお坊さんに出すのが慣わしだったのだが、〈頼んだ〉男とその妻にはバターはおろか、肉もそのほかのおいしい食べ物もなかった。ウマもヤクもおらず、たった一頭のヤギだけがいた。祈禱《きとう》を挙げている男は、あのヤギを殺してくれればたっぷり食える、けっこう肥えているからなと思い始めた。家の主人は頭が禿げていて、そのとき屋根に上がって来て、唱えている男の近くにすわった。まさに男の真ん前にすわって、男がブツブツと「オン・マニ・ペメ・フム、オン・マニ・ペメ・フム」と唱えるのを聞いていた。唱えていた男はそれとまったく同じ調子で、「神のたまわく、禿げている男はヤギの皮を頭に被ると毛が生える」と唱えた。その言葉が何度か繰り返されるのをすわって聞いていた老人は、ついに祈禱書にそう書いてあるのだと思い込んでしまい、ヤギを殺した。三人はしばらくの間おいしいものを食べ、老人はヤギの皮を頭に乗せて、来る日も来る日も被り続け、頭に触り続けたが、毛はただの一本も生えてこなかった。とうとう老人は、「あいつが祈禱書に書いてあるかのように唱えてわしを騙《だま》したのだ」と思い至り、さらにこう思った、「これを長く被り続けたら、頭の皮もなくなってしまって、骨しか残らんことになるかもしれん」。それで老人は男に、嘘をついたのではないかと尋ねた。すると男は、「とんでもない。しかし、本当にそうなると神さまたちが言っているとおりになってほしいのなら、自分でたくさんお祈りしなければならないんですよ」と言った。そんなふうに男は嘘をついて言いくるめてしまい、同じようにヤギも手に入れて食べてしまったというわけである。

28 違う色の目の五人の友だちを持つ男（黒テントの物語）

うまくやり遂げる者がいつも派遣される。
やることがないのなら、誰が行こうと関係ない。
チベットの諺

あるときのこと、男とその息子がいた。

男は裕福ではなかったので、息子に多くを残してやるというわけにはいかなかったが、死ぬ前に言っておきたいことが二つだけあるのだ、それを心に留めておけば幸せになれるだろうし、そうしなければとても惨めになるだろう、と言った。その二つのこととはこういうことである。第一は、結婚したら、子供が十人できるまでは自分の秘密を妻に打ち明けてはいけないということ。第二は、目の色で友だちを選ぶということである。「明るい色の目をした男を友だちに選んではいけない。目頭は赤く、白目は、褐色を帯びていたり黄色がかっていたりせずに、あくまでも白く、瞳は黒いかどうかを見るのだ。その二つを守れば、辛い目に遭うことは決してないだろう」と言った。

父親が亡くなると息子はすぐに結婚し、とても愛想の良い人柄だったので友だちもたくさんできた。その友だちの目の色というのが偶然にも一人は青、一人は黄色、別の一人は褐色、また別の一人は黒、そしてただ一人、父親の言った条件に合っている者がいた。秘密を妻に打ち明けてはいけないという父親の忠告は守っていたが、最初の息子が生まれると、もううれしくて幸せいっぱいになり、父親が言い残したことを妻に話して、「でも君は信頼できる人だと信じているから、ぼくの秘密を教えてあげよう」と付け加えた。そうは言ったものの少し心配だったので、彼は妻を試してみることにした。

ある夜のこと、帰りが遅くなったときに、ある男のところに立ち寄ってブタを一頭二十ルピーで買い、男には誰にブタを売ったのか、ブタがどこへ行ったのかを誰にも言わないように頼んだ。それからブタを連れて行って殺し、ズボンを脱いでブタをその中に入れ、肩に担いで家に帰った。帰り着くと、「入れてくれ、早く中に入れてくれ」と声高にささやいて妻を呼んだ。

「あら、いったいどうしたのよ?」と妻が尋ねた。

「人を殺してしまったんだ。池に投げ込むのを手伝ってくれ」。

妻は手伝い、二人してズボンに石をいくつか結び付けて水に沈めた。死んだブタを運んで来たので、男は体中血だらけだった。家に入ると汚れた服を脱いで体を洗い、妻にこう言った、「このことは誰にも言うんじゃないぞ。しゃべったらおれの一生はおしまいだからな」。

ある日のこと、二人は喧嘩《けんか》をした。

妻は、「あなたは私をこんな風に扱うのね。いいわ、あなたがどんな人だかバラしてやる。あなたが殺した人のこと、覚えているでしょ。そのことを役人に知らせてやるから」と言って、その通りに実行した。役人は捕吏を差し向けて彼を逮捕させ、打ち首にするまでの間、鎖につないでおいた。

男は五人の友だちを呼んでもらった。みんなはやって来てその話に耳を傾けると、そのうちの四人は、「それは身から出た錆《さび》だ。自分がしたことを奥さんに話してしまったんだからな。ぼくたちは助けてあげられないから、その責任は自分で取らなければ駄目だ」と言って帰ってしまった。最後の友だちがやって来て、話を聞くとこう言った、「それはまずいことになったな。どうすればいいかまだ分からないけど、できるものなら助けてあげよう」。

そう言うと彼は役人のところへ行き、自分の友だちはとても善良な人なので、誰かを殺すなんて、よほどのことがあったに違いない、もし助けてくれたら、彼の体重と同じ重さの銀を差し上げようと言った。結局、役人は同意し、銀を量《はか》って、男を釈放した。助けてやった友だちはとってもうれしくなり、男もうれしそうだった。彼は役人に向かって言った、「いいことを教えてあげましょうか？　今まで聞いたこともない最高のことですよ」。友だちもみんなそばに来て、彼の言葉に耳を傾けた。彼は、父親が亡くなる前に何と言い残したのか、どうしてそれを試してみることにしたのか、初めて喧嘩をしたときにどんなふうにそのことを妻が役人に知らせたのか、父親が言ったとおりの目をした一人を除いて、友だちみんながどうやって自分を見捨てたのかを語った。

役人は、「あなたは私が知っている最も賢い人の一人だ」と言って、ブタの死骸を引き上げさせ、彼の言ったことが真実であることを確かめると、すっかり彼が気に入ってたくさんの贈り物をし、彼を王国の重臣の一人に任命した。

29 胡弓《こきゅう》弾きの物語

盗賊が現われたときに、旅人が同時に弓に弦を張ったり、お茶と酒を用意したりするのは難しい。
チベットの諺

ずっと昔のこと、大きな町に両親と三人の息子の一家が住んでいた。子供たちが成長し、仕事を選ぼうとしたとき、父親が三人を呼んで言った、「お前たちみんなには世の中に出て行って、それぞれ別の場所へ行き、商売を学んできてほしい」。三人は出発し、一年経つと帰って来た。父親が長男に、「お前は何になったのだ?」と言うと、長男は、「書記になりました」と答えた。帳簿を付けたり、仕事の監督をする人が必要だった父親はとても喜んだ。

次男に向かって、「お前は何を学んで来たのだ?」と言うと、次男は、「大工になりました」と答えた。父親はまた喜んだ。自分たちの家を建てることができるし、ほかの人たちの家を建てて、たっぷり金儲けができるからであった。

そのあと末っ子に向かって、「ところで、お前は何になったのだ?」と尋ねると、彼は、「ぼくは胡弓の演奏を習って来ました」と答えた。「そいつは実にけっこうなことだ、物乞いのやることを学んで来たとはな。お前を家に置いておくことはできないから、家から出て行くのだ」。

そういうわけで三男は遠い国へと旅立ち、遠く、肌の白い人たちの住む国境まで行った。黒い海がその国との境界となっていた。

そこで彼は胡弓を弾いた。そこに黒と白の二匹のヘビが棲んでいて、ある日、その二匹が闘い始めた。黒いヘビが白いヘビを今にも殺しそうになったとき、胡弓弾きが二匹を引き離した。何日か過ぎたある晩のこと、白髪の女がやって来て、楽師にこう言った、「閻魔大王さまがあなたに心から感謝しております。あなたが息子さんの命を助けてくださったからですが、もし地下の王国にお越しくださるなら、王さまが何でもお望みの物を、どんなすばらしいものでもくださるでしょう」。

「どうやって地獄に行けばいいのか、私には分かりません。あなたはどうやって行くのですか?」と男は言った。

それは何でもないことなのですよ、と女は言った。「でも目を閉じていてください。そうすれば私がお連れいたします。あっと言う間に着きますよ。着いたら、欲しいものを何でも言ってください」。王さまの娘さんはとてもおきれいな方ですよ、と女は言葉を続け、とってもかわいらしい方なので、顔と身体をニワトリの皮で覆っており、そのためその本当の姿を見ることができないのです、と言った。

老婆は言葉を続けた、「あまりたくさん要求してはいけません。王さまには、メンドリを一羽くださるなら嬉しいのですが、とおっしゃいな。王さまのお嬢さまをおもらいになれば、とっても貴重な宝物を手に入れることになり、お嬢さまを手に入れれば、何でも欲しいものが手に入るでしょう」。

女が手をつかんだので、言われた通りに目を閉じると、間もなく二人は地獄に到着した。

王さまが、「そなたはわが息子の命を救ってくれた。大いに恩義を感じておるぞ。この世で欲しいものがあれば、何でもあげようぞ」と言ったので、胡弓弾きはこう答えた、「欲しいものは特にございませんが、あそこにいるメンドリをくだされればありがたいと存じます」。すると王さまはこう応じた、「あれは何を隠そう、わしの娘じゃ。わしは心から娘を愛しておる。だが、娘をやらんとは言えん。そんなことを言えば約束を破ることになってしまうからな。娘よ、行くしかあるまい。吉日が巡って来たら、この男について高地に登るのだ。そなたの役に立ちそうなものがあれば、何でも用意しておくから、出発するときに持って行くがよい」。

娘が言った、「何でも父上のおっしゃる通りにいたします。そむいたりはしません。たくさん持って行こうとは思いませんが、どうか三つの物をください。私が欲しいのは金のつるはしと、両手を広げたのと同じ長さの金の鎖と、神さまのお恵みを祈るときに使う真鍮《しんちゅう》の鉢（ラマ僧が祈る人の頭に乗せるもの）です。それに、果物の入った壺をひとつとたくさんの羽、いろいろな種類の毛を少し、それらを持って参ります」。

それから楽師と王さまの娘の二人は、次の吉日に地上に登り、邪悪な君主の支配する町へ行った。

胡弓弾きの妻には優れた力が秘められていて、欲しいと思ったものは何でも手元に集まって来たので、二人は働く必要がまったくなかった。ある日、楽師はこんなふうに心に思った、「ぼくたち二人は今やとても金持ちで、力も王さまの次だ。もしあの邪悪な支配者がぼくたちの豊かさを知ったら、ぼくたちのものを奪いに来るかもしれない。王さまをもてなして食事に招待し、そういうことを企んでいるかどうか、探ってみよう」。

彼は妻に、そうしてもいいかと尋ねた。妻は言った、「そうね、もし王さまを招いてもてなすのなら、おいでになったとき、お酒やおいしい食べ物を静かに出してくださいね。でも、のろのろ出すのは駄目ですよ」。こうして王さまは招待され、すべてがうまく運んだ。胡弓弾きはついお世辞を言ってしまう人で、王さまには如才なく接しておいた方がいいと思ったので、「もうしばらくいてください、もうしばらくいてください」と言い続けた。その日は、御馳走を作るために長い間炭火を燃やし続けてすっかり熱くなって来たので、妻は羽毛を脱ぎ捨ててしまった。すると家中が明るくなったように見えた。その妻の姿を見て、何てきれいなんだと思った王さまは彼女を妻にしたくなり、胡弓弾きに、「妻を交換しよう」と言うなり、彼女を連れ去ってしまった。

何日かすると王さまは各地から侍従や長官を呼び寄せて、こう言った、「ここには閻魔大王さまの娘をわしに妻としてくれた男がいる。これまで、そのほうたちはたいした仕事もせず、して来たことと言えば、つまらんことばかりだ。お前たちは、国のはずれにある山を平野と同じ高さにし、国中を同じ高さにするのだ」。

家臣たちは口をそろえてこう答えた、「ほかの要求であれば、何なりと従いますが、そのようなことは私たちにはできません。新しいお妃さまの前の夫をお召しになり、要求なされてはいかがでしょう」。そこで王さまは楽師を呼んで、「そなたにできるか？」と言った。楽師は良く考えもせずに、「はい、王さまのために平らにしましょう」と答えてしまった。彼がそう言うのを聞いていた妻は、階段の近くで待っていて、やって来た夫にこう言った、「父が私たちにくれた金のつるはしのことを知っているわね。それを持って山の三方に三度突き刺してください。そうすれば山は消えてなくなります」。

王さまと奪われたお妃さまは外に出て、さてどうなるかと見物していた。するとどうだろう、楽師が三度目に突き刺すと山は沈み、その場所に池ができたのだ。

その仕事ぶりを目にした王さまはこう言った、「あんなことができるなら、もう少しできることがあろう。あの池のあるところを大きな湖にしてくれ。湖岸に甘い果物をつけるすばらしい木と、その木々の間でさえずる鳥と走り回るたくさんの動物が欲しいのだ」。

胡弓弾きには、いったいどうすればそんなことを成し遂げることができるのか分からなかったが、そっと近づいて、どうすればいいのかを前の妻に尋ねてみようと思った。妻はこう言った、「神さまにお祈りするときに使うあの鉢で水を少し池に注げば、湖になります。私たちが持って来た果物から種を取って、それを湖岸に蒔いてください。そうすれば果物のなる木が生えて来ます。羽を少し木々の枝の間に撒《ま》き散らせば鳥が飛び出します。それに、茂みに毛を撒けば、動物たちが現われます」。

彼は王さまのところへ行って、「お望みのことをやり遂げました」と言った。王さまはおおいに喜んだが、さらにこう言った、「そなたとそなたの妻には、わしに地獄を見せる力があろう。是非そうして欲しいものだ」。胡弓弾きはその要求をあれこれ考えてから、「少し考える時間をください」と言ったが、本当のところは、どうすればいいのかを妻に尋ねてみたかったのである。

それをチャンスだと思った妻はこう言った、「父からもらって来た金の鎖のこと、覚えているわよね。それを持って行き、引きずりながら何度か山を登ったり下りたりすれば、入口が開いて、王さまにも地獄が見えるようになるわ。すごくすばらしい場所に見えるけれど、とても恐ろしいところよ。そうして地獄が見えるようにしたら、王さまにそれを贈り物として差し上げたいと言ってください。金の鎖から短い鎖を作って入口を縛れば、入口は開いたままになるわ」。

それから二人はそのすばらしい場所を見せに王さまを連れて行った。王さまとその家臣たちが鉄の入口を通って美しい寺院を見に中に入ったとき、胡弓弾きが鎖をグイっと引いて入口を閉めたので、王さまとその家来たちはみんな地獄に堕ちてしまった。こうして胡弓弾きは妻を取り戻し、その後、二人していつまでも王国を治めた。

30 聖なるカモの胸が黄色くなったわけ

命が尽きるとあなたはよみがえって慈悲深い女神《トマ》さまと平穏に暮らすことになるが、それでも山から岩が転げ落ちて来てあなたの命を奪ってしまえば、大いなる不幸に見舞われる。

チベットの諺

昔のあるときのこと、草花に覆われた真っ平らな山の上でカエルとウサギが遊び回り、楽しい時を過ごしていた。その楽しみの最中、二匹は美しい金の壺を見つけた。「おれが見つけたものを見てくれ。おれのものだぞ。これで大金持ちになれる」とカエルが大声で言った。ウサギが腹を立てて、「それはおれのものだ。おれが最初に見つけたんだからな」と言った。さっそく二匹は激しく闘い始めたが、突然、ウサギが喧嘩をやめて、こう言った、「喧嘩なんかやめよう。山のふもとに行って、そこから頂上まで競走しよう。ここに早く着いた方が壺の中味をもらうことにするんだ。競走は明日だ」。

ウサギには自信があった。自分は走れるけれど、カエルにはできっこないと分かっていたからだ。そういう競走にはとてもじゃないが勝ち目はないと承知していたカエルは、策略を巡らせた。どこから見ても自分とまったく同じ姿の友だちを二匹探し出したのだ。一匹を山の頂上の壺の中に入れ、もう一匹を山の中腹に置き、自分はふもとで待っていた。翌朝ウサギが姿を現わすと、二匹はスタートの用意をした。カエルが二、三歩跳びはねる間に、ウサギはピョンピョンと跳ねて行ってしまった。山を半分登ったところで、驚いたことに、ウサギは遙か前方を懸命に跳ねているカエルを目にして、「もっと頑張らなければ」と独り言を言い、風のように走った。ところが、頂上に着いてみると、壺の中にカエルがすわっているではないか。ウサギは競走に負け、黄金も失ったのだ。

ところが、カエルにはどうすればその大きな壺を山の下に下ろすことができるのかが分からなかった。途方に暮れている間に、ネズミ色の胸をした真っ黒い色の大きなカモが飛んで来て、サッと舞い下り、どうしたんだいと尋ねた。カエルは事情を説明し、壺を山の下に運んでくれるかいと頼んだ。カモは、そんなことは何でもないけど、半分くれるならやってあげるよと言った。ほかにどうしようもなかったのでカエルが承知すると、カモはそれを運び下ろし、そこで半分に分けた。すごくきれいだと思ったカモが、自分の分を胸にこすりつけると、聖なるカモの胸はきれいな金色になった。

解説。チベットの山々の頂と湖の近くには、そういう美しいカモがいる。とてもおとなしくて、人を怖がらないので、チベットの人々はそれを聖なる鳥だとみなしている。聖なる色である美しい黄色をしているので、聖人の生まれ変わりだと信じているのである。

31 二匹の小ネコ＊

真っすぐ狙いを付けた矢は敵の心臓を射る。
だが、敵がいなければ矢などどうでもいい。
チベットの諺

ずっとずっと昔の、遠い遠い日のことだけど、二匹の小ネコさんがいて、バター茶に入れるお塩を探しに行ったの。そのころ小ネコさんたちはお塩の入っていないお茶は飲まなかったからなのよ。急いで歩いて行くとヘンテに会ったの。ヘンテはどこで出会っても最悪なのよ。だって、ものすごく大きな歯をしていて、それで子供たちをガリガリって食べてしまうし、恐ろしい大きな目と蹴爪のような手足をしているから、小ネコさんたちはとってもびっくりして、牝ウシさんに会うまですごい速さで逃げたの。ウシさんが、「そんなに急いでどこへ行くの、小ネコちゃんたち？」と言うと、小ネコさんたちは、「あのね、さっきヘンテに会ったの。あたしたちの家までついて来て、あたしたちを食べちゃうのよ」って答えたの。そうしたらウシさんは、「心配しなくていいよ。私がいっしょに行って、あなたたちをヘンテから守ってあげるわ」って言って、みんないっしょに走って行ったのよ。すぐにイヌさんと会ったら、「みんなしてどこへ行くの？」ってイヌさんが聞いたの。小ネコさんたちが、「ヘンテから逃げているの」って答えると、イヌさんは、「いっしょに行って君たちを助けてあげる」って言って、みんなで走って行ったら、カラスさんと会ったの。「ちょっと止まって、そんなに急いでどこへ行くのか、教えてちょうだい」ってカラスさんが言うと、小ネコさんたちは、「できるだけ急いで家に帰るところなのよ。ヘンテが私たちを食べに来るの」って言ったの。それからお鍋一杯の灰と会うと、「ちょっと待って、あたしも連れてって。あたしも助けてあげられるわ」って言うの。その次に会ったのは束になった百本の針さんたちで、ヘンテから助けてあげられるかもしれないから連れて行ってくれるって頼んだのよ。そのあと、道端でグルグル丸まってたヘビさんが、「どこへ行くの、小ネコちゃんたち？」って大声で言ったから、「ヘンテが来るから、できるだけ早く家に帰るところよ」って。そしたらヘビさんが、「ぼくも連れてって。ヘンテに噛《か》みついてやるから」って言ったの。それから走って行くと、固くて黒いお豆さんが入った鉢がベンチの上にあって、お豆さんが、「そんなに急いでどこへ行くの？」って聞いたの。「ヘンテが来るから、できるだけ早く帰るとこなの」。「わたしも連れてって、小ネコさんたち。ヘンテから助けてあげるわ」って。だからチュパの懐にお豆さんの入った鉢を入れて、みんないっしょに急いでお家に帰ったのよ。ウシさんは階段の段のそば、イヌさんは戸口、お豆さんは階段の上、カラスさんは水桶の中、ヘビさんはパンをこねる鉢の中、百本の針さんは寝床の中、灰の入ったお鍋は天井、ネコさんたちはドアのうしろに隠れたの。

ヘンテはすぐにやって来たわ。窓から飛び込んで来たんだと思うの。水を飲みたいと思って水のところへ行ったら、カラスさんがしっかりものすごく突っついて、それからヘンテはパンを作りたくなってパンをこねる鉢のところへ行ったらヘビさんがガブリって噛みついたのよ。二階に上がって寝床で寝ようって思ったら、ものすごく針さんたちに刺されたの。だんだん腹が立って来たから、小ネコさんたちが隠れてないかと思って天井を見上げたら、灰が落ちて来て両目にいっぱい入っちゃったのよ。急いで階段を下りようとしたら固いお豆さんを踏んづけて足にひどい怪我をしたの。そしてウシさんの角の上に落っこちて、ウシさんがイヌさんに放り投げたら、あっと言う間にイヌさんがヘンテを食べちゃったの。小ネコさんたちはドアのうしろから出て来て、安心して夕ご飯を食べたのよ。

＊　今六歳のローラ・ラクラウドが語ってくれた話。彼女は八か月ほどチベットを離れていた。

32 妖術師の悪ふざけの物語

朝の戦いのことを夜に語ってはいけない。
チベットの諺

昔のあるときのこと、大きな町に、とても大勢の人たちを治めている王さまがいた。その町には才能に溢れた妖術師が住んでいて、意のままに人々を泣かせたり笑わせたりすることができた。王さまは、ある日、その男を呼んで、こう言った、「聞くところによれば、そなたには驚くべきことができるそうではないか。できないことなど何もないと聞いておるぞ「そのくせ王さまは怪しいものだと疑っていたのだが」。わしの心を変えて欲しいものだ」。

妖術師は言った、「人々に見せるものであって、陛下にお見せするようなものではございません」。

王さまは、「恐れることはない。見せたからといって、わしの残りの生涯を素寒貧にしてしまうわけではあるまい。望むなら、決して罰したりしないという念書を書いてやるぞ」と言って、妖術師に念書を書いて与えると自室に戻り、そのままそんな約束をしたことなどすっかり忘れてしまった。

ある日のこと、王さまは、山のそばの大きな干し草置き場に、ウマやらウシやらを引き連れて大勢の人たちが集まり、そんなことをする許可は与えていなかったのに、自分の牧草を刈り取っていると聞き込んだ。

王さまは重臣の一人を呼んで、こう言った、「わしの牧草を刈り取っているやつらが大勢いる。いったい誰なのか、わしの同意も得ずに何のためにそんなことをしているのかを、行って調べて来い」。重臣は出かけて行き、野原に着くと黄金の玉座に銀の玉座が見えた。召使いたちや大勢の人々がいて、あまりにも壮観だったので気おくれし、いったいどういうことなのだと聞きそびれてしまったので、こっそりその辺を歩いて出くわした一人の召使いに、この大勢の人たちは誰で、何をしているのだと尋ねた。閻魔大王さまとその息子さんですよと召使いは答えた。天国へ行く途中で、路上でちょっと止まっただけなのだという。戻った重臣が王さまに報告すると、王さまは、「そうか、閻魔大王さまだというのなら、出向いて贈り物をしなければなるまい」と言い、さっそく贈り物を用意すると出かけて進呈し、「閻魔大王さまが、またどういうわけで地上にいらしたのですか？」と尋ねた。閻魔大王さまはこう答えた、「わしは暗いところに住み、無花果《いちじく》の木の根っこが張っている所で暮らしているのだが、木の上部は光を浴びて、そこで神々が実を食べている。わしはその木の持ち主で、根の世話をし、木に実をつけてやっているのに、わしはまだ一つも食べたことがない。だから上に行って、神々にそのわけを尋ねてみようとしているのだ」。

地上の人間の王さまは言った、「おいでくださって光栄です。これからは懇意になって贈り物の交換をいたしましょう。要するに親類になればよいのです。私にはとてもすばらしい娘がおり、あなたには息子さんがいます。息子さんをわが娘の夫としてくださいませんか」。

閻魔大王さまが答えた、「私には三人の息子しかいませんが、この者は末っ子です。この子にはとても満足しており、心からかわいがっています。ですが、この子を娘さんにとお望みなら、差し上げましょう。これまでも私たちのような王族の間では、そうするのが慣わしになっていますからな」。

そう言うと息子を託して、さらにこう言った、「私はこれから天国へ行って、神々が無花果の実をどうするつもりなのか確かめて来ますが、あなたは空を見ていて、私たちが悶着を起こしたりしないかどうか見ていてください」。

人間の王さまはその息子を連れて宮殿に戻り、二、三日すると空を見上げ始めた。空は間もなく鉄のように真っ黒になり、死体や手や腕や脚や首が落ちて来始めた。「こいつは間違いなく闘いが始まったぞ」と王さまは叫んだ。

ある日、閻魔大王さまにそっくりの首が落ちて来たので、彼はそれが閻魔大王さまの首に違いないと確信した。そして、それを回収し、義理の息子に気づかれる前に荼毘《だび》に付してしまうほうがいいだろうと考えた。深く悲しむと思ったのだ。彼が荼毘に付しに行くと義理の息子がその炎に気づき、召使いの一人を呼んで、あの大きな炎と煙は何なのだと問い質した。気の利かない娘だったその召使いは、「あら、あなたのお父さまの首が少し前に天国から落ちて来たので、今それを荼毘に付しているのです」と言った。

それを聞いた息子は大きな叫び声を上げ、炎に突っ込もうとした。みんなに取り押さえられたものの、ついにはみんなを振り切って走り、炎に飛び込んで死んでしまった。

数日後、閻魔大王さまその人が天国から戻って来た。落ちて来たのは王さまの首ではなかったのだ。王さまは干し草置き場の、前と同じ場所に天幕を張り、そこを再び人間の王さまが訪れて、戦いはどのような結末だったのかと尋ねた。王さまは答えた、「しばらく戦っていたのだが、年長の神々の一人が割って入って、私たちの間を取り持ってくれたのだ。無花果の実の一部を、私のものとして認めてもらった。何しろその木の根はわが王国内にあるのですからな。ところで、どうしてわが息子をいっしょに会いに連れて来てはくださらなかったのですか？」

人間の王さまが言った、「その、死体に始まってたくさんのものが空から落ちて来て、あなたにそっくりの首が宮殿の屋上に落ちて来たものですから、それを回収して荼毘に付したのです。息子さんはそれに気づき、走って来て炎に飛び込んで亡くなってしまったのです」。

閻魔大王さまはそれを聞くと嵐のように顔を真っ黒にして、恐ろしい声で言った、「わしは死んではおらん。体はここにある。息子が死んだのはお前の責任だ。その命をお前の命で償ってもらわなければならん」。この世の王さまは跪《ひざまず》いて命乞いをし始め、こう言った、「息子さんの命をこの命で償えとお求めにならなければ、代わりに王国を差し上げます。国も黄金も、持っているものは残らず差し上げます」。そう言って持てるものすべてを放棄して無一物となり、何度も何度もくり返し額を地面にこすりつけて謝った。

「もうそのようなことはしなくてもよい、頭を上げよ」と閻魔大王さまが言った。目を上げると、そこにはベンチにすわって微笑みかけている年取った妖術師のほかには何ひとつなかった。

その姿を見た王さまは悪ふざけの餌食になったのだと気づいて、怒り心頭に発したが、何をしても罰したりしないという念書を妖術師に与えていたことを思い出した。怒りをグッと呑み込むと、召使いたちを引き連れて宮殿に帰って行った。

33 オオカミとキツネとウサギが犯した罪

怒りっぽい男は敵に腹を立てると、そのウマの頭を叩く。
チベットの諺

昔のあるときのこと、オオカミとキツネとウサギがいっしょに道を歩いていたとき、荷物を背負った奇術師に出会った。ウサギがみんなに言った、「ぼくがあの男の前を足を引きずりながら行けば、あいつは荷物を下ろしてぼくを捕まえようとするだろうから、君たち二人はうしろからそっと忍び寄って、あいつが荷物を下ろしたら奪い取ってくれ」。

案の定、男は荷物を下ろし、石をいくつか拾い上げて、大急ぎでウサギを追いかけ始めた。オオカミとキツネは男の荷物を奪って逃げた。ウサギを捕まえられないと思うと男はすぐに戻ったが、もう何もかもなくなっていた。どうしたらいいのか、これからどうやって生きて行けばいいのかと思い悩み、悲嘆に暮れながら、男は立ち去って行った。

一方、オオカミとキツネとウサギは示し合わせておいた場所で落ち合い、何が入っているのかと、荷物を開けた。靴底を何層にも重ねて重くしたチベット靴が一足、舌《ぜっ》のついた鐘《原語はcymbal。舌のついたシンバル（チベットのものはシルニェンという）はないし、すぐあとに鐘bellとあるので、ここも鐘とした》が一つ、それにツァンパで作った仏像とパンがいくつか入っていた。ウサギが分ける役を買って出て、オオカミに、「君はたくさん歩かなければならないから、この重い靴にしたまえ」と言うと、オオカミはその靴を受け取った。次にキツネに、「君には子供がたくさんいるから、遊べるようにこの鐘にしたまえ。ぼくは食べ物をもらうことにする」。オオカミは靴を履いてヒツジ狩りに出かけたが、とにかく靴が重くて氷に乗ったときに落ちてはい上がれなくなり、見つけたヒツジ飼いに殺されてしまった。鐘をもらったキツネは、きっと子供たちが喜ぶだろうと思って、ガランガランと鳴らしながら子供たちのいる巣穴に帰ったのだが、子供たちは恐怖に駆られて死んでしまった。ウサギはツァンパの仏像とパンをすっかり平らげ、結局、その取引で一番いい思いをした。

34 白銅の壺

すぐれた言葉には耳を傾けよ。おいしい食べ物なら食べよ。
チベットの諺

昔のあるときのこと、二人の友だちがいた。ある日、楽しいひとときを過ごそうと出かけ、山の頂上を歩き回っていたとき、金の壺を見つけた。さっそく一人が、どうすれば独り占めできるだろうかと策を練り始めた。もう一人は人の好い男だったので、(失うものがあるわけではないから) それを半分ずつに分けて、そのお金を貧しい人やラマ僧たちに施すことにしようと提案した。

最初の男が、これは現実に存在する壺だとは思えない、空想にすぎないんだ、神々が現実のもののように見せかけているだけで、幻覚にすぎないんだ、どうにかしようとしたらたちまち消え失せてしまうだろうと言った。二人はそのことでしばらく言い争ったが、結局山を下りて、それを独り占めしたいと望んだ男の家に行った。

しばらくするとその男が友だちに言った、「この壺をしばらくぼくのところに置いておいてくれ。今は君も家に帰りたいだろう。今度家に来たら半分ずつに分けて、それぞれ好きなように使うことにしよう」。

仕方がないので友だちは家に帰り、三、四日を過ごした。それから壺を預かっていた男のところに行くと、男は泣き叫び、胸を打ち、髪をかきむしった。友だちは、「どうしたっていうんだ、何でそんなことをしているんだ？」と大声で尋ねた。

男は、「ああ、とてもじゃないけど言えないよ。あんまりと言えばあんまりなんだ」と答えた。友だちが、「とにかく言ってくれ、役に立てるかもしれないから」と言うと、男は長いこと拒んでいたが、とうとう説得されて、苦しんでいる原因を打ち明けた。「ぼくたちが見つけた金の壺のことは覚えているだろう。それを刻んでみたら、白銅にすぎなかったんだ」。友だちが、「別にどうでもいいさ。お金を払って手に入れたわけじゃなし、見つけただけなんだからな。だからぼくたちは何か失ったわけじゃないんだ」と答えると、男は泣き叫ぶのをやめ、自分でも驚くほどの満足感を感じた。何しろ友だちがこんなに簡単にあきらめてくれたし、これで壺はすっかりおれのものになったのだと思ったからであった。

こうして人の好い男は帰ろうとしたが、帰り際にこう言った、「君のいるこの山の上は決して快適な場所とは言えない。ここは寒いし、じめじめしている。ぼくのところはさわやかで緑も多いし、温かい。ウシに食わせる牧草もあるし、果物もたくさんある。君の二人の息子たちに、ウシを連れてぼくの家に来させ、しばらく滞在させるといい」。

男は同意し、子供たちにはちょっとしたすばらしい旅になるだろうと言って、友だちといっしょに行くことを許した。家に向かう途中、三人は二匹のサルを見つけて捕まえ、いっしょに連れて行った。男はサルに芸を教え始め、歌に合わせて踊ったり、名前で呼ぶと近寄って来るようにしたりした。サルには友だちの二人の息子の名前をつけておいた。

一、二か月後、彼は、山を下りて子供たちを迎えに行くという友だちからの手紙を受け取った。男がやって来ると、友だちは泣き叫んだり、胸を叩いたりして、ひどいありさまであった（子供たちの父親が到着するちょっと前に、男は子供たちをきつく縛り上げて山の洞窟に閉じ込めておいたのだ）。家の中に入って来た友だちが、「どうしたんだ？」と言った。「そんなこと言えるか」と答えて、彼は泣き叫んだり、胸を叩いたりし続けた。けれども友だちが、「とにかく言ってくれ、役に立てるかもしれないから」と強く言ったので、彼もとうとう承知してこう言った、「ぼくといっしょに家に来た君の二人の子供たちが、サルになってしまったんだ。信じられないのなら、呼んで確かめるといい」。友だちが息子たちの名を呼ぶと、すぐさまサルが彼のところにやって来た。しばらくそのサルを見つめていた父親は感づいて、こう言った、「君はぼくよりずる賢い。あの壺は間違いなく金だった。子供たちを連れて来てくれたら、壺を君と分け合おう」。こうして二人のもめ事は平和のうちに決着がつき、二人はその後もずっと友だち付き合いを続けた。

35 ウサギの物語

オオカミの声はヒツジへの合図。
チベットの諺

昔のあるときのこと、隣り同士の家族がいた。一つの家族は年老いたお母さんクマとその息子、もう一つの家族は年老いたお母さんウサギとその息子だった。お母さんたちが根っこを掘りに出かけているときは、子供たちが留守番をしていた。ウサギの爪は鋭くて素早く動かせたので、たくさん手に入れることができたのだが、それに腹を立てたお母さんクマがお母さんウサギを殺してしまい、その死体と〈ウサギが掘り出した〉根っこを持ち帰った。お母さんクマの爪はなまくらになっていて、たくさん掘り出すことはできなかったのだ。ウサギの息子は長いこと待ち続けたが、なぜ母さんが帰って来ないのか分からなかった。そこで、しびれを切らした息子は、何か分かるかもしれないと思って、年老いたクマの家にそっと近づいた。中をのぞき込んでみると、年老いたクマがお母さんウサギを料理しているではないか。クマとその息子は腰を下ろすとウサギを平らげてしまった。ものすごく頭にきた息子は復讐を誓い、「いつかきっとあいつらに仕返しをしてやるぞ」と思った。

　ある日、年老いたお母さんクマと息子が水を汲みに出かけた。お母さんクマの姿が見えなくなると、小さなウサギは矢を真っ赤に熱して、息子のクマの耳を射て殺してしまった。それから、お母さんクマが根っこの入ったまま盗んだ母さんの袋を探し出した。山を登っていく途中で、トラと出会ったので、ウサギは言った、「クマに追われているんです、トラさん、ぼくを助けて、どこかに隠してくださいませんか？」「承知した。俺の耳に入れ、そこならぜったいにクマに見つからないだろう」。

　水桶を持って戻って来たお母さんクマは、息子が死んでいるのを見つけると、「あの子供のウサギがやったんだ。追いかけて殺してやる」と言い、ウサギのあとを追いかけた。トラに出会ったので、「灰色の毛をしていて耳の長いやつを見ませんでしたか？　本当のことを教えてくれないと、命はないですよ」と尋ねた。トラが、「おれにそんな口の利き方をするんじゃない。お前を殺すことなどわけないことなんだからな」と答えると、年老いたお母さんクマは先を急いだ。ウサギはトラの耳の中にいて、袋に入っていた根っこをかじっていたのだが、ボリボリかじる音を聞いたトラが、「何を食べているんだ？」と尋ねた。「自分の目玉だよ」とウサギが答えると、トラは、「ひとつくれないか、うまそうじゃないか」と言った。ウサギが渡した根っこを食べたトラは言った、「とてもうまいな。おれの目玉も取り出して食べよう。おれの目が見えなくなったら、クマからお前を助けてやったのだから、おれの面倒を見て、おれをあちこち連れ回してくれ、いいな」。「きっと言う通りにしてやるよ」と言ってウサギはトラの二つの目玉をほじくり出し、代わりに根っこを渡して食べさせた。それから、今や目が見えなくなってしまったトラを引き連れて、切り立った崖のそばまで連れて行き、そこで体を休めて眠るように言った。そして、トラの反対側にガンガン火をおこした。ものすごく熱くなってきたので火から遠ざかろうとしたトラは、崖から落ちて死んでしまった。

それからウサギはヒツジ飼いのところへ行き、「上のほうでトラが死んでいるから、行けば切り分けられますよ」と言った。さらにオオカミのところへ行って、ヒツジ飼いがいなくなったから、ヒツジを殺せるよ」と言った。そのあとカラスのところへ行って、「お母さんオオカミがヒツジを殺しに出かけたので、今行けば子供のオオカミの目玉をつつき出せるよ」と言った。それだけの悪さをしたウサギは、このあたりで逃げたほうがよさそうだなと思い、遠い国へと逃げて行ってしまった。ウサギは今もそこで暮らしていることだろう。

36 ある妖術師の物語

旅人は立ち止まる人々のせいで遅れる。
不治の病にかかっている者に薬は効かない。
チベットの諺

昔のあるときのこと、山の多い国に大きな町があり、王さまが住んでいて、王国の各地に何人かの大臣を配置していた。ある日のこと、王さまが彼らを呼び寄せたので、それぞれ家をあとにし、王さまの命令に従ってやって来た。その重臣たちの一人が家に帰るとき、まさに彼と瓜二つと言ってもいい妖術師が彼の前を歩いていた。同じ服を着ており、話し方も同じで、どこからどう見ても何から何までそっくりと言っていいほどであった。妖術師が家に帰ると、召使いたちは主人が帰って来たと思い、寝室に案内した。

王さまの用事を済ませて帰って来た本当の主人は、家の中にそのよそ者を見つけて、わしの家を占領しているあの男はいったい誰なんだと召使いたちに問い質した。その言葉を聞いた妖術師が、「これはおれの家だとあそこで騒いでいるあの物乞いの男は誰だ？　つまみ出してしまえ」と言うと、本物の主人は、「お前たち、おれが分からないのか？　そいつはおれの家に入り込んだ妖術師だ。それなのに、お前たちは本当の主人であるおれをつまみ出そうというのか」と叫んだ。

妖術師は言った、「いったい何だというのだ。出て行け、この家も召使いたちもみんなおれのものだ。そいつをつまみ出せ。これはみんなおれのものなのだ」。

二人の言い争いは果てしなく続いたが、ついに追い出された本物のほうは、自分の身に何が起こったのかを王さまに訴えた。王さまに呼ばれた二人がその前に立つと、まるで二粒の豆のようだった。王さまが言った、「いやはや、わしには区別がつかん。どちらが本物なのか分からんが、二人ともそこにすわって、家にあるものを書き出してみよ」。本物の男はすわって書き始め、筆を止めては考え込んで書き足していき、やがてそのリストは完成したようだった。一方、妖術師のほうは三人目の男を創り出して家に行かせ、二人の男とそっくりだったその三人目の男が見たままをリストにして家から持ち帰って来た。

そこで王さまは、「これでどちらが本物なのか分かった」と言った。実のところ、本物の男はいくつかを書き忘れていたのに、もう一方の男の作ったリストは遙かに完璧だったのだ。それで王さまは妖術師に向かって、「そなたが本物の男のようだ」と言い、家も土地もその男のものとした。本物の男は腹を立て、「これで無一物となって、物乞いになり下がったか」と言った。二、三日もすると妖術師は名士を装うのに飽き飽きしてしまい、王さまを訪れて、言った、「どうかお怒りにならないでいただきたいのですが、もう一人の男のほうが本物でございます。私は妖術を使って入れ替わったのでございます。何もかもあの人のものでございます」。

王さまは怒らなかった。かえって妖術師に会えたことを喜んだ。そういう男がいることは聞いて知っていたが、まだ一度も会ったことがなかったからである。王さまは妖術師にたくさんの褒美を与え、もう一人の男は正当な財産と家を返してもらった。

37 トルコ石の物語

あなたが彼を愛しているのか憎んでいるのか、口のきけぬ者には言えない。汚れていようがきれいだろうが、目の目えぬ者には分からない。

チベットの諺

昔のあるときのこと、高い高い山々の真っ只中に泥の家があった。そこに年老いた両親と息子と娘が住んでいた。その国では娘を妻として男に嫁がせると、息子が二人の妻を迎え、二人とも家に入れて、家族を五人にするのが慣わしだった。息子の妻は、小さい妻、大きい妻と呼ばれた。先に結婚した方が大きい妻で、主導権はほぼその手中にあった。

ある日のこと、突然のことなのだが、母親と息子が亡くなってしまった。それで二人の嫁がいろいろなものを自分たちのものとして、年老いた父親を奴隷のように働かせ始め、毎日山に行かせてはウシの世話をさせ、少しばかりの酸っぱいチーズと血のほかには、食べる物もろくに与えないようになった。ヤクを縛って動けないようにしたうえで頸静脈に針を刺して、数個のどんぶりがいっぱいになるまで血を搾り取ると、ヤクを解き放ち、翌日には別のヤクから搾り取るのだった。血は固まるとゼリーのようになるので、それを薄切りにしてから、温めたり料理したりして食べるのである。哀れな老人はすっかり暮らしに困って餓死しそうになったので、人に頼んで自分の娘に使いをしてもらい、食べ物を分けてくれるかどうか確かめてみようと決心した。そこで、山を下りて、誰か娘の家まで行ってくれる者が通りかからないものかと道にすわって待っているうちに眠り込んでしまった。

商人たちの大きな隊商がやって来て、「おじいさん、どうしてこんな道の真ん中で寝ているんだね？」と声をかけた。目を覚ました老人は、皆さん方はどこへ行くのかねと尋ねた。娘の住む町の名前を挙げたので、老人は娘への伝言を頼んだ。「こう伝えてもらいたいんじゃ。母さんと兄さんは亡くなってしまったが、わしは幸せじゃ。ヒツジ飼いをしていて、力もみなぎっておる。チーズと固まった血を食べている。ヒツジ飼いほど元気な男はほかにはおらん。ときには酒も少し飲んでいるが、その酒を造るのに大麦を入れてかき混ぜる必要はないんじゃとな」(老人の酒というのは水にほかならなかった)。商人たちは旅を続け、娘を見つけると伝言を伝えた。娘は商人たちに、いつ帰るのですかと尋ねた。父親への伝言を頼みたかったのだ。戻る用意が整うと、商人たちは娘に伝言の内容を尋ねた。とても高価なトルコ石を持っていた娘は泥の煉《れん》瓦《が》を作り、その真ん中に宝石を隠して、こう言った、「いい暮らしをしたかったらこの煉瓦を大切にするようにと、力を得るために使ってもいいけど、売ったりしてはいけないと伝えてください」。

老人は目を皿のようにして、毎日、隊商が戻って来るのを待ちわびていた。やっと戻って来た隊商は伝言を伝え、煉瓦を渡した。すぐに了解した老人は、煉瓦を持って山に戻り、それを割って宝石を取り出した。それから山を下り、嫁たちが完全に支配している家に行って、大きい妻に宝石を見せながら、「娘が送ってくれたものを見てごらん。これを売るつもりはない。わしが死んだら、お前さんにやろうと思っているのだ」と言った。そう聞くや、彼女は義父にちゃんと食べさせ、良い服を着せてやる決心をした。「長生きはしないだろうから、すぐに私のものになるわ」と思ったのだ。

ある日、大きい妻が不在の時に、義父は宝石をもう一人の嫁に見せて、こう言った、「これを見てごらん。これをわしは大きい妻にはやりたくないし、売りたくもないのだ。死んだらお前さんにやろうと思っているのだ」。それを聞いて大喜びした彼女は、「この爺さん、長生きはしないだろうから、優しくして、ちゃんと食べさせてやろう」と思った。そういうわけで二人は、どちらが最高のもてなしができるのかを互いに張り合うようになったが、どちらもどうして相手がそんなことをするのかは分からずにいた。ある日、ひどく体調をくずした老人は、そろそろこの世ともお別れだと思い、大きな水桶の真上にある、十字に組んだ梁の上に宝石を隠した。嫁は二人とも留守だった。老人は召使いの一人を呼び、娘のところに行って伝言を伝えて欲しいと頼み、こう言った、「会いに来てほしいと伝えてくれ。ウマがいなければロバに乗って来るようにと。こちらに着いたときに、もしもうわしが死んでいたら、大きな龍の首の上にすごい宝物があり、その姿は海の中に見えるとな」。

間もなく老人は亡くなった。二人の嫁は義父の持ち物を何もかも徹底的に調べたが、宝石を見つけることはできなかった。そこで大きい妻が、ラマ僧をたくさん呼んで、義父の魂のために祈禱をしてもらわなければ駄目なんだわと言った。ある日、娘がやって来て、何か父の遺言はなかったかと尋ねると、二人の嫁はこう言った、「あったわよ。こう言っていたわ。龍の首のうしろに宝石があって、その姿は海の中に見えるって言ってくれってね」。娘はすぐに理解し、水桶をのぞき込んでトルコ石が映っているのを見つけ、梁に登ってそれを手に取ると懐にしまい込み、家に帰って行った。

38 賢い愚か者

近眼だと遠くは見えないが、鋭い耳があれば遠くの声も聞こえる。
チベットの諺

ずっと昔のこと、かつては大変なお金持ちだったが、今は貧しくなってしまった立派な家系の家族がいた。同じ町に、かつてはとても貧しかったのだが、今はお金持ちになった家族も住んでいた。二人の女、つまり、かつてのお金持ちの妻と現在お金持ちの妻が、ある日のこと、お祈りに出かけたお寺で出会った。お金持ちの女が貧しい女に、「確かに私たちはお金持ちですわ。でも、私たちの先祖は悪い人で、私たちには何もないのだと皆さんが言っていますわ。あなたは今貧しいですが、祖先はすばらしい人たちです。ですから、あなたの息子さんを私の娘にくださいませんか」と言うと、貧しい女が言った、「分かりました。差し上げましょう」。彼女の息子は、以前は賢い子だったのだが、今はまともではなくなりかけていた。お金持ちの一家はその息子の様子に気づき、貧しい一家には何も言わぬまま、別の家族の息子を探して娘を嫁がせることにした。

そのことを知った貧しい一家は、ひどく息子に腹を立てて言った、「お前が少しでもまともだったら、今ごろはあの金持ちの家族のところに行っていただろうに、今となっては愚か者のお前を望んでくれる人は誰もいなくなってしまった」。

息子が言った、「ぼくのせいにしないでください。先祖がまともだったら、ぼくだってまともだったでしょう。ぼくがこんなふうになったのは先祖のせいじゃないんですか」。

父と母は息子に金貨を四枚与え、遠い町へ行って、それをうまく使えるかどうか、やってみなさいと言った。

道を歩いていると、彼の前をヒツジ飼いが歩き、そのヒツジ飼いの前で、きれいな声でさえずりながら小鳥が一羽ピョンピョンと跳ねていた。ヒツジ飼いが追いつくと小鳥がさえずるのをやめたので、ヒツジ飼いが言った、「お前の声はとても素晴らしいのに、おれが近づいたらさえずるのをやめたのは、どうしてなんだ?」

ヒツジ飼いのうしろを歩いていた愚か者がそのとき追いついて、「あの鳥に何と言ったのか、教えてくれませんか。金貨を差し上げますから」と言うと、男は教えてくれた。少年は男に金貨を一枚与えて、旅を続けた。間もなく狩人がキツネに言っている言葉が聞こえてきた、「いい毛皮をしているね。そのうち殺して手に入れてやるからな」。愚か者が狩人に言った、「キツネに何て言ったのか教えてくれたら、金貨を一枚あげます」。二人はしばらく言葉を交わしていたが、狩人が何と言ったのかを教えると、少年は金貨を一枚狩人に与えた。

さらに先に進んだ愚か者は、二つの橋が架かっている所にやって来た。一つは丸太一本の橋、もう一つは丸太二本の橋で、二人の男が話をしていた。その一人がもう一人に言った、「この橋で競走しよう。おれは丸太一本のほうを走る、短い分速く行けるからな。お前は丸太二本のほうを走れ」。

それを聞いた愚かな少年は駆け寄って言った、「何を話していたのか、教えてください、金貨を一枚あげますから」。二人が教えてくれたので、少年は残った一枚を持って別れを告げた。しばらく行くと、二人の若者が喧嘩しているのが目に入った。その一人が、「いい加減にしないと役人に突き出すぞ」と言った。愚かな少年は教えてくれるよう頼み、最後の金貨を与えた。

こうしてお金がぜんぶなくなったので、少年は国に帰る決心をした。家に帰り着いたとき、お金持ちの娘とその夫の結婚式が祝われていたので、愚か者は人々の中に入って行った。その姿に気づいた娘が、「私にはどうでもいいことだけど、私と顔を合わせたら、あの人、悲しむんじゃないかしら」と言った。それでも、少年は娘に会いに来て、四つの言葉しか知らなかったので、最初に学んだ言葉をかけた、「君はすてきな小鳥で、声もきれいだ。どうしてぼくが来たら歌うのをやめてしまったんだい？」

娘は家の中に入り、両親に言った、「私を嫁がせようとしていた間抜けな人のこと、覚えているでしょ？　それがね、けっこう賢いわよ」。そこで二人は娘に、せめてうまいものでも食わせてやるから、屋上に連れて行ってくれと言った。

そこで彼は二つ目の言葉を言った、「キツネさん、とっても見事な髪ですね。いつか君はぼくのものになるんだ」。花嫁は走り去り、両親に言った、「あの人、とってもひどい人だわ。私に何て言ったか、聞いていればよかったのに」。

しばらくするとみんなが食事を始めたが、みんなに行き渡るだけの箸《はし》がなかったので、愚か者は一本しか渡されなかった。それでもすばやく食べてしまうと、三つ目の言葉を口にした、「一つが丸太一本、もう一つが丸太二本の橋があったら、丸太一本の橋を渡れ。いつだってそれがいちばん速く渡れる」。娘がその言葉を両親に伝えると、両親は、あの子は決して愚か者なんかではなかったのだと思った。招待客がみんな家路に就いたとき、その若者はまだ残っていて、最後の言葉を言った、「ぼくをそんなふうにあしらうのなら、君を役人に突き出しますよ」。〈すると両親が娘にこう言った、〉「お前を役人に突き出させるようなことをさせるわけにはいかない。言葉数は決して多くはないけれど、どれもこれもすごく気の利いた言葉だった。あの男にはたくさんのお金を与えて家に送り返し、この男をお前の夫にしよう」。

39 男とサルたち

丘の上の牡ジカは遙か彼方を見るが、巣にいる雌のガチョウは抱いている卵のことしか考えない。

チベットの諺

この世界にまだ楽園があった昔のあるときのこと、国を旅して回っていた男が楽園を見つけ、門を通って中に入って行った。とても美しい場所だと思った。おいしいものは、焼き菓子だろうと氷砂糖だろうと、どんな種類の果物だろうと、何でもあった。必要なものは何でもあるから、もう働くこともない。ここに留まることにしよう。「ここにいよう」と男は思った。昼寝でもするかと思った男は、大きな木によじ登り、寝ようとして枝の間に入って行った。ところが、ぐっすりと寝込んでしまったせいで木の上にいることをすっかり忘れてしまい、寝返りを打った途端、湖に落ちてしまった。森にいたサルの一匹が水に落ちた男に気づき、何としても助け上げてやろうとしながら、こう言った、「駄目だ、ぼくは小さすぎて力が足りない。あんたを引っ張り上げてやることはできない。でも、大きくなって力がついたら助け出してあげられるんだけど」。そう言うとサルは、毎日小さな石を持ち上げて運動をし始め、毎日少しずつ大きくなって、とうとう大きな岩を持ち上げられるようになった。こうしてサルは男を水から引き上げてやった。救い出された男は気分がすぐれなかった。サルは、しばらく石で運動したらいいと言った。そうしてしばらく石を投げていた男は、けっこう体が温まって来たので、地面に横になりたいと思った。ところが、サルたちがみんなして木の上でペチャクチャとおしゃべりをしていたので、ぐっすり眠ることができなかった。男は起き上がると、「こんなにたくさんのサルがいさえしなければ、いい場所なのになあ。(その中の一匹が男を助けるためにどれだけのことをしてくれたのか、男は忘れてしまったのだと思う)。あのサルたちがみんな死んじまえば、家族を連れに家に戻って、みんなしてここで暮らすんだがなあ。とにかく働かなくていいんだから」。

ちょうどそのころ、すっかり暗くなったので、サルたちはみんな木の上で眠りに就いた。すると男は、木を残らず揺すった。サルたちは地面に落下し、落ちたせいでみんな死んでしまった。男はすっかり満足し、その楽園で暮らすために家族を連れて来ようと、家路に就いた。その途中、どんな悪いサルであろうとサルたちのことを気にかけていたサルの神さまが、サルたちがせっかく親切にしてやったのに男がサルたちにひどいことをしたのを知って、大蛇に姿を変えて待ち伏せし、男を呑み込んでしまった。

40 命の木の物語

争わなければ無事でいられる。借金がなければ豊かになれる。
チベットの諺

昔のあるときのこと、ボロ服を身にまとい、白髪交じりの髪の毛を顔の周りに垂らした年寄りの物乞いが、あらゆるところを歩き回っては、米やらツァンパやらをもらい、食べ切れないほどもらったときには、乾燥させるために日向に広げておいて、物乞いを続けていた。

ある日のこと、その米が乾きかけていたとき、百羽のオウムが飛んで来て、それを全部ついばんでしまった。帰って来た老人は腹を立てて言った、「わしは毎日、わずかな食べ物をもらいながら仕事をしているんだ。それなのにあの年食ったオウムたちと来たら、飛んで来て全部食いやがる」。そこで仕返しを企んだ老人は竹で百個の罠を作り、それを葦の草むらの至る所に仕掛けて、また物乞いに出かけた。戻って来ると、案の定、百羽全部が罠にかかっていた。

その中にたまたまオウムの王さまがいて、老人が帰って来る前に仲間たちにこう言い含めておいた、「わしらは苦境に陥ってしまった。わしらを捕まえたからには、皆殺しにするつもりだろう。やつが帰って来るのが見えたら、みんな死んだようにひっくり返るんだぞ。そうすればやつはわしらを罠からはずして放り投げるだろう。最初に投げ落とされたものが数を数え続けて、百羽みんなが投げ落とされたら叫ぶのだ。みんなして飛び去ろう。最後のものが放り投げられるまでは、みんなピクリともしないようにじっとしているのだぞ」。

いよいよ老人が帰って来た。オウムに投げつけてやろうと、いくつもの石を懐に入れていた。オウムがみんな死んでいようとは思いもしなかったからだが、みんながピクリともせずにぶら下がっているのを見ると、よじ登ってはオウムを投げ落とし始めた。九九羽まで投げ終えて、王さまの足から糸をほどいていたとき、懐に入れておいた石をひとつ投げ落とした。それが地面に落ちるやいなや、たちまち九九羽が飛び去ってしまった。

「クソ、わしをコケにしやがったな。だがまだ一羽いる。こいつを石でぶち殺してやる」。突然正気づいたオウムは老人の親指をつついて言った、「どうか殺さないでください。私たちは悪さをしてあなたのお米を全部食べてしまいました。ですが、あなたはいい人です。ですから私を殺さないでください。私を売りに行けば、お米の代金よりももっと多くを手に入れることができますよ」。

そう言われた老人はオウムの足にグルグルと糸を巻き付けて町へ持って行き、ある商人に売りつけようとした。これはすばらしいオウムでしゃべることができますが、どのくらい値打ちのあるものかは分かりませんので、それはどうかオウムに尋ねてください、と物乞いは言った。

オウムは、私は大金に値するので、この老人には銀五〇両《テール》を支払ってくださいと答えた。商人がお金を渡すと、老人は思いがけない大金を手にして、死んでしまうのではないかと思うほど喜んだ。

商人はオウムの足の鎖を解いてやると、放してやった。オウムが飛び去って二、三か月経ったある日のこと、オウムは口にいくつかの種をくわえて戻って来て、こう言った、「この種を蒔いてください。年を取ったときにその木の実を食べれば、また若返ることができます。種を注意深く蒔いて三年も経てば、たくさんの実が生るでしょう」。商人は種を蒔いた。丸三年が経つと、確かにたくさんの実が生った。ある日、商人が庭にいたとき、実の一つが地面に落ちたのだが、ひょっとしたらオウムはおれを殺そうと企んだのではないかと恐れて、食べなかった。その夜、一匹の毒ヘビがその実の回りにとぐろを巻いて眠った。翌朝、商人は飼っていたイヌを呼んでその実を見せた。イヌは実を食べると、あっと言う間に死んでしまった。オウムのやつめ、やっぱりおれを殺そうとしたのだと思った商人は、熱湯をかけてオウムを殺してしまった。

ところで、その国には、すっかり体が弱って、物乞いに出かける力さえ無くしてしまい、もう餓死するのを待つばかりという老人が二人いた。その老人の一人が、ある日、こう言った、「あの実を食べてみようじゃないかね。若くなれれば良し、たとえ毒に当たって死んだとしてもかまうもんか、どっちみち死にかけているのだからな」。そう言うと二人は杖を手にしてのろのろと商人のところへ行き、木の実を少し分けていただきたいのだがと頼んだ。「あんなもの、食べられませんよ。食べたりしたらすぐに死んでしまいますよ」と商人は言った。それでもかまわないのだと二人は言った。いずれにしろ飢え死にしそうなので、毒を食らって、さっさと死ねるのなら、そのほうがいいのだと言うのである。商人は結局二人に一つずつ与えた。二人は食べるや、たちまち若返って大喜びし、ほとんど商人を崇めんばかりに感謝した。そのとき商人は、実が地面に落ちていたときに何者かが毒を盛ったに違いないと悟り、オウムを殺してしまったことを思い出して、悲しみに暮れた。

41 こぶ男の物語

悪いところのない者を罰する必要はない。
斧がなければ木を切り倒せない。
チベットの諺

ずっと昔のこと、山々の間にポツンとある国に、首に大きなこぶのある男が住んでいて、牝ウシを一頭飼っていた。ある日、そのウシがどこかへ行ってしまったが、男は捜しに出かけたが、あまりにも家から遠い所まで来てしまったので、その夜は帰ることができなくなってしまった。あたりを見回して大小二つの洞穴を見つけた男は、小さいほうの洞穴で夜を過ごそうと決めた。中に入り、足を組んで地面にすわると、その日のことをあれこれとつぶやき始めた、「ウシがいなくなって見つからない。食べ物もない。家から遠出してしまったので帰ることもできず、ここで過ごす羽目になってしまった。とにかく怖くてたまらん」。

ところで、大きい方の洞穴は、あらゆる幽霊が集まって来る場所だったのだが、小さい洞穴にはたった一人の幽霊が住んでいた。その幽霊は幽霊たちの集まりのために大きい洞穴に出かけて行き、実はおれの住処に男が一人いるのだと話した。みんなは、戻ってその男を連れて来い、食おうじゃないかと言ったが、その幽霊はみんなに頼み込んで、「お願いだから、その男を殺さないでくれ、今はおれがあの男の家主なんだ。あの男が殺されたら、おれはいい気分がしない」と言った。するとみんながこう言った、「じゃあ、あのこぶを首から切り取って、ここへ持って来てくれ。それを食べようじゃないか」。

「分かった、それならいいだろう」と幽霊は言うと、そっと自分の洞穴に戻り、こぶを切り取ってみんなのところに持って行った。見るとあまりにも大きくなりすぎていて食べるにはふさわしくなかったので、洞穴に置きっぱなしにした。朝になって目を覚ました男は、こぶがなくなっていたので大喜びした。ウシもすぐに見つかったので、山を下りて行った。

こぶがなくなって帰って来た男に、同じようにこぶのある別の男が、それをどうやって取ったのかと尋ねた。男は何が起こったのかを包み隠さず話し、不思議なことに消えてなくなってしまったんだと語った。別の男は、おれも同じことをして、こいつを取ってもらおうと考え、牝ウシを山に追いやって、それを捜しに出かけ、洞穴に隠れて、ウシがいなくなってしまったこと、見つけられないこと、そこで一晩過ごさなければならないことをつぶやいた。幽霊たちはその夜も大きい洞穴に集まっており、小さい洞穴に住んでいる幽霊が、今夜も客が来ているのだと言うと、もちろんみんなはその男を食べたがった。幽霊は、そんなことはしないでくれ、こぶを切り取って持って来るからと頼み込んだ。「へん、誰がこぶなんか食うもんか。もう見たくもないやつが一個あるじゃないか。それを持って行って、そいつの首のうしろにくっつけて来い」。翌朝、目を覚ました男は、わが身にも何かすばらしいことが起こったものと期待して首に触れると、こぶは元通りそこにあった。首のうしろが変な感じがしたので、そこに手をやってみると、もう一つ別のがくっついているではないか。男はカンカンになり、ウシを連れて家に帰ると、人に見られるところには二度と出て行かなくなってしまった。

42 物乞いの物語

老人とコウモリは決して年を取らない。老婆はねずの木に慰めを見いださねばならぬ。（ねずの木は焼かれて神々になる）

チベットの諺

昔のあるときのこと、髪の毛がいくつものねじれた束になって、顔や手は汚れ放題、ボロ服を身にまとい、村の人たちから施しを受けて暮らしている物乞いがいた。ある日のこと、幸運に恵まれて三〇キロほどの大麦を手に入れた。男はそれを家に持ち帰り、袋に入れて天井まで持ち上げ、筋交いに組んだ小屋の柱に縛りつけた。ネズミに食われないようにするためである。それが済むとひと眠りしようと、束にしたボロ服の上に横になり、こんなふうに毎日三〇キロくらいの大麦が手に入ったら、どれほど裕福になれるだろうかと思い巡らせ始めた。妻を持つ余裕ができる。妻を迎えたら息子が生まれるだろう。息子にはどういう名前をつけようかと、男は悩みに悩んだ。明け方近くになり、床に差し込む月の光で目を覚ました男に、すばらしい思いつきが浮かんだ。そうだ、息子にはデエ・テペという名前をつけよう。月の光という意味だ。喜んだ男は寝床から跳び起きて部屋の中を跳ね回り、喜びのあまりに、物乞いに行くときに使う杖を振り回した。ああ、何ということか、勢いよく振り回し過ぎた杖が大麦の袋に当たり、袋が男の上に落ちて来て、男は死んでしまった。こうしてデエ・テペの父親は亡くなってしまったのである。

43 ずる賢い貧しい男

夫が死ぬと妻には導く者がいなくなる。
オンドリが死んだらロバがいななかなければならぬ。
チベットの諺

昔のあるときのこと、山の多い国の、だだっ広い草原の真ん中に寺院《フレーケン》があり、そこに千本の腕を持つ観音菩薩《チェンレーシク》の像が置かれていた。その寺院の近くに小さな家があって、その家に老夫婦が住んでおり、金色《こんじき》の慈悲深い女神という意味のチェエリン・トマという名の娘がいた。娘もそろそろ嫁入りの年頃だなと思った両親は、こんな言葉を交わした、「あした寺院《フレーケン》に行き、仏さまにお供えをして額づき、娘の結婚を祈願して、サイコロで占ってみよう」。

そこから歩いて半日ほどのところに、モモやクルミを育てて売り歩いている貧しい男が住んでいて、偶然にも老夫婦がお寺に行こうと話しているのを窓の近くで聞いてしまった。それで、翌日、扉が開くやいなや、男は寺院にすべり込み、大きな仏像のうしろに身を隠した。やって来た老夫婦は仏さまに祈りながら、こう言った、「偉大な慈悲深い観音《チェンレーシク》さま、わしらにはたくさんの財産がありますが、子供は娘一人だけでございます。すっかり年を取り、間もなくこの世ともお別れですので、それらを残して行かなければなりません。どうか、どうすればいちばんいいのか、お教えください。すべてを御手にお委ねいたします。娘は尼僧になるのがよろしいでしょうか、それとも結婚するのがよろしいでしょうか？　今夜、ここで寝て夜を明かしますので、夢の中でお告げをしてくださいませんでしょうか、それとも今ここでお教えくださいますでしょうか？　わしらが正しく判断できますようお助け下さり、あなたさまのお考えをお教えください」。

仏像のうしろに隠れていた男は像の鼻の穴を通して、「明日の朝、そなたたちの家を一人の男が訪れるであろう。その男に娘を与えるがよい」と言った。

仏像が口を利いたとは何という不思議なことなのだと思った老夫婦にとって、その言葉は疑いようのないものであった。二人がいなくなってしまうと男はこっそりと寺院から抜け出し、翌日の朝早く、老夫婦の家の前でひざまずいていた。その姿に気づいた老婆は夫に、「仏さまが来ると言っていた人が来ていますよ」と言うと、男を招き入れ、上座にすわらせて、すばらしいごちそうを前に置いた。娘を妻として与え、一つかみのトルコ石を与えて、どうか娘にやさしくしてやってくださいと頼んだ。もちろんですと答えた男は妻を連れ、モモの入った箱を持って、家路に就いた。家に近づくころ、自分はお金持ちで、立派な家があり、食べる物にも困らないと老夫婦についた嘘のことに思いを巡らせ始めた。食べる物など何ひとつないことは自分がよく承知していたのだ。そうだ、一人で先に帰って、どうしたらいいか考えようと思った男は、背中から箱を下ろし、妻とトルコ石をその中に入れ、砂の中に置いて、箱をすっかり砂で覆った。それから家に戻り、おいしい食べ物やふかふかの座布団やじゅうたんなど、あらゆるものをできる限り借りまくった。隣人たちには、どうか自分が貧しいということは言わないで欲しい、今日は妻を迎える日で、妻はそのことを知らないのだと頼み込んだ。それを済ませるのに四、五日かかってしまったのだが、その間ずっと、妻は砂に埋もれた箱の中にすわっていた。

ある日、三人の王さまが召使いを引き連れ、弓矢を持ち、トラを連れて、楽しいひとときを過ごそうとやって来た。三人はそこで立ち止まり、的を射てみようとした。砂の山を狙って、ピュウっと射た矢が箱に命中した。それを掘り出すと、中からすっかり砂に覆われた娘とトルコ石が出て来た。

「そなたは誰なのだ?」と王さまが尋ねた。

「私は閻魔大王さまの娘です」と娘が答えた。

王さまは言った、「私の妻になる気はあるか?」

かまいませんが、どなたか箱の中に入らなければなりませんと娘が言うと、王さまは、ではトラを入れようと言った。こうしてトラの入った箱が、前と同じようにすっかり砂で覆われた。

娘の夫は家のことを整えると、箱を埋めた場所にこっそりと戻って掘り出し、背負って家に運んだ。「この女は、今はおれのことを怖がっているだろう。箱を開けたら、おとなしく言うことを聞くかどうか確かめてみよう」と男は思った。(あらかじめ近所の人たちには、少しばかり争う音が聞こえても仲裁に来るには及びませんと言っておいた)。男は妻のために寝床を用意してから箱を開けた。すると、トラが飛び出して来て男に襲いかかり、服を引き裂いた。男は死ぬほどびっくりして、大声で隣人たちに助けを求め始めた。妻がそうしようとしてもできないようにと門を閉めて錠をおろしておいたので、物音を聞いた隣人たちは、女房を迎えたばかりだというのに、もう喧嘩をしているぞと笑って言った。そういうわけで見に行くのは翌朝にしようと待つことにした隣人たちが行ってみると、そこには口の周りを血に染めた大きなトラがすわっていた。人々を見たトラが森に逃げたあとに残されていたのは、わずかな小さい骨だけであった。

一方、娘は王さまと結婚して、たくさんの黄金や財産に恵まれた。ところが、王国の国民や町々の首長はその結婚に賛成せず、こう言った、「あれは地面の中から出て来た、どこのウマの骨だか分からない女だ。息子が生まれたら、先祖を持たない男が王になっておれたちを治めることになるのだ」。そういう不平を耳にした王妃さまは、自分にできる最善のことは、両親のところに戻って帰って来ないことだと思ったが、満月になる一五日までは待とうと決心した。その日になって逃げ出した娘がわが家に近づくと、いや、わが家があったはずの場所に近づくと、そこにあったのは宮殿であった。古い建物が立っていたところには、あちこちに鐘をぶら下げたいくつもの金色《こんじき》の塔を巡らせた大きな寺院があり、風に揺れて美しい音を響かせていた。父親の家に男が一人いたので、これはどなたの家ですかと、娘は尋ねた。男が娘の両親の名前を告げたので、娘は休むために家の中に入った。一階にはウマやラバや牝ウシがあふれんばかりにいたので、ここの人たちはとてもお金持ちなのだわと娘は思った。娘が応接間に入ると、座布団やすばらしいじゅうたんの上に両親がすわっていた。娘はお辞儀をして、こう言った、「帰って来ました。お二人がここにいて健在なのでうれしいです。夫の家臣たちが口をそろえて、私がどこのウマの骨だか分からないので、未来の王さまの母親になるにはふさわしくないと言っているのです。でも、ここに来て、お二人がどんなにお金持ちで立派なのかを見さえすれば、考えを変えてくれることでしょう」。

父親と母親が言った、「お前には両親と立派な家があるのだと信じてもらえないのなら、私たちに会いに来るように言いなさい」。

こうして招待された王さまは、五〇人の首長を引き連れてやって来た。三日ほど滞在し、老夫婦から豪勢なもてなしを受け、王妃さまの家族と富を目にした彼らは意見を変えた。王さまと家臣たちは帰って行ったが、王妃さまは、あと数日両親といっしょにすごしたいと言った。その夜、眠ろうと横になった娘は寒気がして、体が温まらなかった。いつもたくさんの敷物を敷き、服を着込んでいた娘はどうしてなのかわけが分からず、どういうわけなのか確かめてみようと起き上がった。彼女は地面に寝ており、枕は岩であった。起き上がった彼女はすべてが夢であったことに気がついた。父と母は骨ばかりになっていた。逃げ出した彼女は道端で眠ってしまい、夢を見たのだ。そう気づいた彼女は、自分にできる最善のことは、王さまのもとに戻ることだと思った。

44 五人の友だちの争い

口は争いのもと。開くのはやさしく、閉じるのは難しい。舌は争いのもと。使うのはやさしいが、動かさずにおくのは難しい。

チベットの諺

世界がまだ若かった昔のあるときのこと、ある町に金持ちの男の息子と、絵描きの息子、占い師の息子、大工の息子、医者の息子、銀細工師の息子が住んでいた。六人は親友で、とても仲良しだったので、みんなでいっしょにどこかへ行こうと計画を立てた。親元を離れて別の土地へ行くと、ここでそれぞれ冒険を求めて六年の間別々の道を行き、そのときになったら生まれ故郷の町で再会しようと決めた。別れる前にそれぞれが、何が起こっているのかを知ることのできる魂の木を植えた。六人のうちの誰かが亡くなったり、不幸に見舞われたりしていたら、その魂の木がそのことを教えてくれるのだ。昔からの慣わしとしてその国のどの家庭にも魂の木があり、その世話をし水をやり、必要ならば風よけで守っていた。みんなが無事ならば木は成長して繁茂するが、病気になるとしおれたり枯れたりしてしまうのである。六年経って集まったときにその木が枯れていたり、しおれていたりしていないかをみんなで調べてみて、もししおれている木の主がその場にいなかったら、何か良くないことが起こっているのだから、捜しに行かなければならないし、もしその木が枯れていたら、その主はもう亡くなっていることが分かるのである。

金持ちの男の息子は、遠くの谷にある小さな家にたどり着いた。入口のところに行き、中に入れてくれるよう頼むと、そこに住んでいる小柄な老夫婦がドアを開けて、「どなたですか、どこからいらして、どこへ行くのですか?」と尋ねた。彼は、「遠くの国からやって来たのですが、何か食べる物をいただけないかと思って来たのです」と語った。

老夫婦は答えた、「まあ、いいお顔をしていること。もしここにとどまって、美しい娘の夫になってくださるのなら、とてもうれしいのですがね」。男は中に入って、すわった。間もなく現われた娘は、本当に美しかった。すわりながら男は生まれ故郷のことを思い出し、何と遠くへ来てしまったのだろうと思ったが、結局、今自分にできる最善のことは、この娘と結婚し、ここにとどまることだと決めた。娘は男に会ってうれしくなった。男の家のことやそれまで体験してきたいろいろなことを聞いているうちに突然恋に落ち、二人はすぐに結婚した。

その小さな家の下流に、大勢の召使いを抱える王さまが住んでいた。ある日の午後のこと、新婦が水浴びをしたすぐあとで、侍女たちが水浴びをしに川に行き、新婦が川でなくした美しい指環を見つけた。女たちがそれを王さまのところに持って行くと、王さまは、「これほど美しい指環の持ち主ならきっと美しい女に違いない」と思った。そこで一人の召使いを呼び、その持ち主を探すよう命じた。召使いは出発し、歩いて川をさかのぼり、あの小さな家までやって来た。そこで女を見かけた召使いは、何てきれいな人なのだと思い、「あの人に違いない」と言った。すぐにも王さまのところに連れて行こうとしたが、夫がいると言って女は拒んだ。王さまの命令には従わないわけにはいかないので、召使いは二人を王さまのところへ連れて行くことにした。その美しさを目にした王さまは、これは神さまの娘に違いないと思った。そして、彼女と比べたら、今いるお妃たちはイヌやブタに過ぎないと思って、不愉快になって来た。王さまは娘に服や宝石をたくさん与えて、ここにとどまってほしいと頼んだが、娘は怖くなり、とどまることを望まなかった。夫を愛していたのだ。そのことに気づいた王さまは夫を始末することを決心し、召使いたちを呼んで、夫を川の下流に連れて行き、穴を掘り、殺してそこに埋め、その場所を岩でふさいでしまえと命じた。

六年が経つと、五人の男たちはそれぞれの木のところで会うために帰って来た。一人を除いて全員がそこに集まり、一本の木を除いてほかの木はみんな繁茂していた。金持ちの男の息子の木が枯れていたのだ。五人は彼を捜しに行こうと決め、世界中のあらゆる町を捜し回ったが、その痕跡すら見つけることができなかった。ある日、占い師の息子が、「ぼくが運勢を占ってみて、彼がどうなっているのか調べてみよう」と言い、しばらくするとこう言った、「川岸の穴の中に彼の遺体が埋まっている」。五人は何日もかけてあちこち捜して回り、ついにその場所を突き止めたが、岩があまりにも大きすぎて、五人総掛かりでもそれを動かしたり持ち上げたりすることはできなかった。そこで銀細工師の息子がノミでそれを削って小さくしていき、やっとのことで穴からそれを取り除いて、彼を見つけた。医者の息子が薬を飲ませると彼は生き返り、口を利けるようになった。

みんなは彼の妻を彼のために取り戻そうと決心したが、出向いて彼女を返してくれと求めるわけにはいかなかった。そんなことをすれば六人はそろってたちまち王さまに殺されてしまうからだ。すると大工の息子が、ぼくに名案がある、空飛ぶからくりを作るぞと言って、翼と尾のあるものを作り、それを木の鳥と名づけた。それは飛び上がったり舞い下りたりして、望めばどんな場所へも行くことができた。絵描きの息子がそれに美しい色づけをして、すっかり完成すると、金持ちの息子が乗り込み、空に向かって飛び立って行った。彼はあちこち飛び回って、ついに王宮の前にやって来た。誰もが自分たちの上を飛んでいる不思議な美しい鳥を見上げていた。王さまがお妃さまに、「おいしい食べ物を少し屋上に持って行ってごらん、舞い下りて来るかもしれん」と言った。お妃さまが食べ物を持って屋上に行くと、鳥はだんだん近づいて来て、お妃さまが立っている場所目指して下りて来た。とうとう鳥がお妃さまのそばの平らな屋上に舞い下りると、ひとりの男が出て来た。誰なのかに気づいて喜んだお妃さまが言った、「あなたは亡くなったものと思っていました。また会えるとは思いもしませんでしたわ」。

男はこう尋ねた、「本当に喜んでいるのかい、それとも王さまのそばにいたいかい？　自分で選んでくれ。この木の鳥に乗ってぼくといっしょに行くか、ここにとどまるかだ。ぼくといっしょに行っても、王さまを恐れる必要はない。この鳥に乗っているぼくたちを捕まえることはできないからね」。

彼女がからくりに乗り込むと、二人は自分たちを待つ五人の友だちのところへ飛び去って行った。二人が鳥から下りて来ると、娘を見た五人も、何て美人なんだと思った。金持ちの男の息子が言った、「ぼくは死んでいたけど生き返り、こうして妻も取り戻した。これもみんな、君たちのおかげだ」。

彼は五人がしてくれたことに何度も何度も感謝して、「夫婦としてまた生きることができて、ぼくたちはとても幸せだ」と言った。すると、その言葉に五人の友だちがひどく腹を立てた。占い師の息子が言った、「ぼくがいなかったら君がどこにいるのかは誰にも分からなかったのだから、この娘は当然ぼくのものだ」。銀細工師の息子が言った、「君がしたことは、あいつがどこにいるのかを言い当てたことだけで、たいしたことじゃない。岩を割って取り除いたのはこのぼくだぞ。だから彼女はぼくのものだ」。医者の息子が言った、「君たちのやったことが何だって言うんだ。死体を見つけただけじゃないか。あいつを生き返らせたのはこのぼくだ。だから彼女はぼくのものだ」。大工の息子が言った、「あいつを生き返らせたから何だって言うんだ。木の鳥を作って彼女を乗せたのはこのぼくだ。彼女はぼくのものだ」。絵描きの息子が言った、「このからくりはぼくが色を塗って鳥に見えるようにしなければ、ガラクタだったんだ。

鳥だと思ったからこそ王さまは餌をやりに奴隷を行かせず、お妃さまを屋上に行かせたんじゃないか。だからこの女はぼくの妻になるべきだ」。

そうやって五人が激しく言い争っていると、そこへ一人の男がやって来た。五人はその男を呼んで、どうすればいいか決めて欲しいと頼み、それぞれ自分がどんな貢献をしたのかを話して聞かせた。男はどう答えたらいいのか分からず、次のような話をした。

「あるとき、大勢の人たちがすばらしいチョルテン*を持っていたんですが、それを誰のものにしたらいいのか決めかねて、それを細かく砕いてみんなで分けてしまったんです」。

その話を聞いた六人の男たちは、短剣を抜いて娘を殺してしまった。

* チョルテンとはストゥーパあるいはパゴダのことで、ときに黄金で、ふつうは粘土でできており、宗教的な意味を持っている。

45 慎ましい女

目の見えぬヤクは道を間違える。
チベットの諺

ずっとずっと昔のあるときのこと、今となってはどこのことだか分からないチベットの山々の小さな泥の村に、一群の人々が住んでいた。地下の、たぶん魔法のウマの頭か、魔法の牝ウシの頭から細い水が湧き出し、決して涸れることがなかった。その流れが、人々の使うすべての水をまかなっていた。

その村を治めていたのが、みんなから村長と呼ばれている人であった。村長はささいな争いをすべて治め、犯罪者を罰したので、その言葉は生死に係わる法であった。とてもハンサムな息子がいたが、息子には妻がいなかった。その息子と、村より少しだけ大きな地方を治めている王子さまの娘との結婚を、みんなの同意を取りつけて、仲人が取りまとめた《ここまでの記述と以下の記述の間には見過ごすことのできない矛盾が見られる（これまでにも些細な矛盾はいくつか見られたが）。ここまででは、村長の息子と王子の娘が結婚することになったとされているが、以下の記述からは、村長に未婚の娘がおり、王子との間に婚姻が取りまとめられたと見るべきである。その王子が娘を迎えに来るのである》。王子さまは百人に楽器を持たせ、踊り子と歌手、相手の家族への贈り物、母親への乳代《ちちだい》、花嫁に渡す宝石類の結婚祝いを携えて、妻を迎えに行った。村長が三日間ほど祝宴を開き、贈り物の交換をしてもてなすと、彼らは花嫁を連れて帰る支度を始めた。

旅立つ娘を門口まで送った母親が言った、「わが家を離れるからといって悲しんではいけないよ。ひと月もすれば戻って来て、私たちに会えるのだからね」。

父親と兄と妹が口をそろえて、「心細く思うことはないよ。お前は今や立派な王子さまの妻になったのだから、食べる物にも困らないし、すてきな服も着られるんだ」と言うと、母親がこう付け加えた、「いつも鏡を見ているかのようにきれいにしていなければいけない。自分に仕える召使いたちには寛大に接し、夫の御両親には親切にしなければいけないよ。それに、貧しい人たちには慈悲深く施しをするのだよ。悪口を言ってはいけない。牡ヤギが角で石造りの塀を突き崩そうとするのと同じくらい愚かなことだからね」。

こうして彼らは泣きながら去って行く彼女を慰めようと、幸せな満ち足りた暮らしをするのだよと言った。

そのときには大部分の人たちは隊列を組んで先発していたが、娘はわずかな侍女たちとともにあとに残っていた。先発隊はどんどん進んで行き、夜の訪れとともにすばらしい谷間で歩みを止め、夜を明かす準備をした。

間もなくみんなに追いついた娘が言った、「これでは駄目です。ここは悪い場所です。雨が降ったら何もかも、私たちも含めて、全部押し流されてしまいますから」。

娘はそこから少し先へ行き、別の場所を見つけて、私のいるところまで上がって来てくださいと伝えさせた。すでに荷物はヤクから下ろされ、夜を過ごす準備を終えてしまっていたので、人々はひどく腹を立てた。わずかな距離を移動するために、荷物を再び残らず取りまとめてヤクに縛りつけ、草を食んでいるウマを集めなければならなかったからだ。

みんなは口々にこう言い合った、「あの女はとんでもないやつだ。ごく普通の家の出なのに、王子さまと結婚した今は、おれたちを好きなようにあしらえると思っているんだ」。そう言ってさんざんに不平をこぼしながら彼らは荷を解いて、再び夜を過ごすテントを張った。ところが、果たしてその夜大雨が降って、初めにテントを設営した谷からすべてを押し流してしまった。それを目にしたみんなは言った、「もしあそこにいたら、何もかも失って、おれたちも死んでいたことだろう。あの人は予言者で、何もかも分かっているんだ。おれたちが助かったのはあの人のおかげだ」。

こうして彼らは旅を続け、夫の家に着いた。そこでまた三日間の祝宴が開かれた。いよいよ父親が娘のお供をさせた召使いたちが帰るときになると、娘はそれぞれに贈り物をして別れを告げ、彼らを父の家に送り返した。

ところで、いつも鏡を見ているかのようにきれいにしていなければいけないとお妃さまの母親が言ったのを、夫の召使いの何人かが聞いていた。お妃さまは朝起きると家の掃除をし、髪をくしけずり、みんなが食事をしてしまうまで自分は何も食べなかった。ある日、夫が、「あの言葉でお母さんは何を言おうとしたのだ?」と言った。

彼女は答えた、「母が言いたかったのはこういうことなのです。食い意地を張ったり、いつもおいしいものを食べたりしてはいけない、ほかの人たちに仕えればお腹がすいて、食べ物がおいしくなるからということなのです。鏡を見るというのは、私自身と家をきれいにしておけば、恥ずかしい思いをしないで済むということなのです」。

ある日、海の近くから飛んで来た一羽の大きなツルが、自分で食べようと思って稲穂をいくつかくわえて来た。王宮の上を飛んだとき、ツルは米粒をいくつか落とした。それを召使いたちが拾い集めて女主人のところに持って行くと、彼女はこう言った、「この種を蒔いて、良く世話をしなければならないわ、熱病に効く良い薬になりますから」。

米粒は別々の家族の間で分けられ、それぞれが持ち帰って蒔いた。しばらくすると王さまのお妃さまが病気になって、熱を出した。王さまが周辺の村々を治める重臣たちとラマ僧を集めると、彼らは、海の近くで採れたお米を食べないとお命はないでしょうと言った。そこで王さまは、知っている限りのすべての人々に使いを出して、そういうお米を持っているかと尋ねさせたが、一粒すら持っている者は一人もいなかった。最後に王さまは王子さまの妻である女に使いを出して、そういうお米を持っていないかと尋ねさせると、彼女は、「もちろん持っていますわ。お妃さまのためばかりではなく､国中の病気の人たちみんなのための分もありますわ」

と言った。

彼女がお妃さまにいくつかを送ると、お妃さまは回復した。病気にかかったほかの人たちにも与えたので、そのときからというもの、人々は彼女を尊敬するようになり、何か困ったことが生じると、いつも彼女に相談するようになった。

46 バラモンのユクパチェンの物語――イェシュケより

狭い道で立ち話をするのは難しい。神々にお願いしよう――大草原で歌って幸せになるときだ。

チベットの諺

　昔のあるときのこと、ひとりの農夫がいた。ある日のこと、隣人たちの一人でユクパチェンという男が、農夫から牡ウシを借りて連れて行った。数日後に返しに来たが、それを、つながぬまま、持ち主の庭に置きっ放しにして帰った。持ち主が食事をしている間に、ウシは逃げてしまった。食事を終えた農夫は隣人のところへ行って、ウシを返してくれと言った。ユクパチェンは、「庭に返しておいたよ」と言った。持ち主は、「お前、おれのウシをなくしたな」と言い、二人は言い争って、それに決着を付けてもらおうと、二人して役人のところに向かった。

　歩いていると、手綱がほどけたウマに逃げられた男と出会った。男は二人に、ウマの行く手をふさいで捕まえてくれと叫んだ。ユクパチェンが石を拾って投げると、ウマは死んでしまった。飼い主が言った、「よくもおれのウマを殺してくれたな。いっしょに役人のところに行って決着を付けてもらおうじゃないか」。そろって歩き始めた三人が塀のところまで来ると、その塀をユクパチェンがヒラリと跳び越え、庭を掘っていた庭師の上に落ちて、庭師を殺してしまった。その妻が走って来て言った、「あんたが夫を殺したんだ。償ってもらうからね」。ユクパチェンが、「あんたの旦那のために支払う金はない」と言うと、妻は、「だったらいっしょに役人のところへ行こう。あんたに支払わせてもらうんだ」と言った。

四人がそろってまた歩き始めると、川岸に出た。見ると、小さな斧を口にくわえて泳いで来る大工がいた。水際まで走って行ったユクパチェンが大工に質問すると、答えようとしたその男が口を開けたので、斧はまっすぐ水底に沈んでしまった。大工は腹を立てて、「斧の弁償をしろ」と言った。ユクパチェンが、「支払うつもりはない」と言うと、〈大工は〉「上等だ、いっしょに役人のところへ行ってケリを付けようじゃないか」と言った。

五人は間もなく、自分たちの争いに決着を付けてくれる偉い人のところに到着した。「何の用で来たのかね？」と役人が尋ねると、農夫とユクパチェンが真っ先に進み出て事情を説明した。すると役人はユクパチェンにこう言った、「あなたはウシを返したのだが、持ち主はそれを見なかったというのだな。あなたは声をかけなかったのだから、その舌を切り取ることにしよう」。それから持ち主にはこう言った、「あなたはそれを見なかったというのだから、あなたの目を一つえぐり出すことにしよう」。こうして第一の事件を片づけると、さらに言った、「舌があればしゃべることができるし、目があれば見ることができるはずだ」。

今度はウマを殺された男が、自分の身に起こったことを語った。役人はユクパチェンに向かって、どんなふうにウマを殺したのかと尋ねた。ユクパチェンが、「この人がウマを捕まえてくれと私に頼んだので、私は石を拾ってウマに投げつけたんです」と答えると、役人はウマの持ち主にこう言った、「どうしてウマの行く手をふさいでくれとこの男に頼んだのかね？　私の決定はこうだ。まずはユクパチェン、あなたは石を投げて動物を殺した。だからあなたの手を一本切り落とすことにしよう」。それからウマの持ち主にはこう言った、「あなたはウマを捕まえてくれとこの男に言ったのだから、あなたの舌を切り取ることにする」。こうして第二の事件の片がついた。

次に女が自分の言い分を申し立てて、ユクパチェンが夫を殺したのだと言った。ユクパチェンは、私はただ塀を跳び越えて落ちただけで、庭師の姿は見えなかったので、その上に落ちてしまったのですと言った。役人はこう裁定した、「あなたはその男を殺した。だから償うために、この女の夫になりなさい」。

次は大工である。「私が水中にいたとき、ユクパチェンが質問をしたんです。返事をしようとして口を開けたら斧が落ちて、水中に消えてしまったのです」。役人が言った、「斧を手に持たず口にくわえていたので、あなたの歯を二本折り取ろう。それから、ユクパチェンをどうするかだが、あなたが泳いでいるときに質問をしたので、その舌をもう一切れ切り取ることにする」。

すると誰もが役人に、ユクパチェンのひどい振舞いを許してやってほしい、自分たちのことも許してほしい、そして、みんなを元のままにしておいてほしいと頼んだので、役人は親切にもその通りにしてやった。

47 タ・チャンの物語――アムンゼンより

人生には幸せと不幸せの二つしかない。
一つは口に出すが、一つは心に秘める。
チベットの諺

ニェン・ヨという遠い国の大きな町にタ・チャンという名の、優れた妖術師が住んでいて、ペルサンという名のその友だちには妻と娘がいた。ある日のこと、タ・チャンがペルサンに、「君も練習して妖術師になった方がいいよ。きっといつか役に立つよ」と言うと、ペルサンは、「それが何の役に立つんだ。ウマのほうがぼくにとっては遙かに大事だよ」と答えた。その返事にムッとしたタ・チャンは、妖術は役に立つのだということをいつかきっと友だちに証明して見せてやるとつぶやきながら、立ち去って行った。

その数日後のこと、朝食を終えたペルサンが小さな家の外で糸を紡ぎ、その妻が家の中でいくつかの木鉢を洗っているとき、タ・チャンが幻のウマに乗ってやって来た。

「ペルサン、このウマを買わないか」とタ・チャンが言うと、ペルサンは、「買う金がないから、要らないよ」と答えた。

けれどもタ・チャンはしきりに勧めて、こう言った、「こいつはすごく脚の速いいいウマだぜ。買ってくれるんなら、安くしておくんだがなあ。試しに乗ってみろよ」。

「そうかい、安く売ってくれるのなら、買うとしようか」とペルサンが言ってウマにまたがると、ウマは全速力で走り出し、抑えることができなくなってしまった。日が沈むころ、見知らぬ土地に到着した。あたりをグルっと見渡して、やっとのことで煙の立ち昇る家を見つけると、ペルサンはドアのところに行って叩いた。老婦人が出て来た。羅刹女かもしれないと男は思ったが、ほかに行くところはなかった。宿と寝床をお借りしたいのだがと婦人に頼むと、老婦人は、「お入りください」と言った。中に入ってみると三人の娘がいた。おいしい食べ物と飲み物を出しながら、「ここへはどうしていらしたのですか?」と老婦人が尋ねた。男は、ウマが暴走してこの見知らぬ場所に来てしまったのですと説明した。老婦人は言葉を続けた、「もうあなたに行くところはありません。それに、ここは治める人のいない小さな土地です。ですから、もう何も言わずにここにとどまって、娘の一人の夫となり、この土地の主《あるじ》になってください。たとえこの地を離れても、どこへも行くことはできないでしょう」。ウマもすっかり姿を消してしまったこととて、ほかにどうすることもできないと思った男は、その地にとどまる決心をし、娘のひとりを妻にした。数年経つうちに二人の息子と一人の娘が生まれた。

ある日のこと、母親が薪を拾いに出かけ、子供たちが川岸で遊んでいた。夕暮れどきで、月の光が川にさしていた。水に映る月を取ろうとした男の子がひとり川に落ちて、流れにさらわれてしまった。父親がその子を助けようとしていると、あろうことか、もう一人の男の子も川に落ちてしまい、二人とも流されて姿が見えなくなってしまった。むなしく時が過ぎていくうちに一頭のトラが現われて、岸辺から娘を連れ去ってしまった。父親は叫び声を上げ、恐怖と悲しみでほとんど死んだように倒れ伏した。その間に、何が起こったのかを知った男の妻も、川に飛び込んでしまった。

「ああ、おれは何て不幸なんだ」。そう言いながら髪をむしり取ると、何と、それは白髪になっていた。もう死んだほうがましだと思った男は、同じように川に飛び込んだ。しかし、沈むことはできなかった。奇妙なことに、地面に横たわっているようにすら思えた。目を上げてみると、何ということか、わが家の入口に戻っているではないか。中に入ると、妻の歌声が聞こえた。おれはどうしていたんだと尋ねると、妻はこう言った、「気でも狂ったの、それとも魔法にでもかけられたの？　あなたの身に何か起こったかですって？　今しがた鉢を洗い終わったところよ」。

外に出てみると、確かにそこにはついさっき終えたばかりの紡いだ糸があった。妻を見ても、年を取ったようには見えなかったし、赤ん坊も大きくなってはいなかった。姿を鏡に映してみても、髪の毛は以前と同じように黒かった。何も変わっていないことを知った男は、妖術師が自分に悪ふざけを仕掛けたのだと気がついた。

教訓。この世に起こることは、妖術師が仕掛ける幻のようなもの。

48 ソロモンのごとく――イェシュケより

女には六つの欠点がある。一つ目、足が長いと転ぶ。二つ目、足が短いと立ち上がろうとする。三つ目、太っていると走る。四つ目、顔が赤いと泣きわめく。五つ目、顔が黒いと腹を立てる。六つ目、口が大きいと笑う。

チベットの諺

昔のあるときのこと、二人の女が一人の男の子を巡って、どちらの子なのかを決めようと争っていた。解決できなかったので二人はそれを国の王さまのところに持ち込んだ。聡明で思慮分別に富んでいた王さまは、次のように命じた、「そのほうたちの一人が男の子の右手をつかみ、もう一人は左手をつかんで引っ張るのだ。男の子を引き寄せた者が連れて行くがよい」。

王さまがそう言うと、男の子の本当の母親ではない女は、少しも男の子を愛してはいなかったし、傷つけようがどうしようが気にもしなかったので、持てる全力を込めて引っ張った。男の子の本当の母親は、息子を愛していたし、傷つけたりしては大変だと気遣って、自分のほうが相手よりも力が強いと思ったけれど、激しく引っ張るようなことはしなかった。すると、王さまが、力いっぱい引っ張った女に向かって、「その子はそなたの息子ではない。もう一人の女のものだ」と言って、その女に男の子を渡した。女は幸せいっぱいになり、男の子を連れて行った。

49 チベットの歌――チベット語から医学博士A・L・シェルトンの訳

1

海の真ん中に高い山がある。
山には太陽が降り注ぎ、大草原には
花が咲き乱れている。
黄色い花に日がさせば
みんなが喜ぶ。
山には草と水がある。
牝ウシたちが草と水と太陽の中で休んでいる。
山はいつも緑に覆われ
カッコウが木々の間に止まっている。
木々は青く、カッコウも青くて、みんな幸せ。

2

雪が消えることはない。
大小の黒テントがいくつもある。

ライオンたちはみんなつながれている。
ミルクは海の水のようにある。
テントは断崖のよう。
ワシはみんなつながれている。
ミルクは海のよう。
草原には大小のテントがある。
シカはみんなつながれている。
そのミルクも海のよう。

3

この大草原に
九千九百頭の駿馬がいる。
鞍はすべて黄金造り。その名は美しい。（神々は皆ここに住む。）
この草原の真ん中に
たくさんのウシの群れがいる。
彼らは黄金の畜舎で食べる。
彼らは不死だ。
この草原の下の端にはヒツジが群れている。

彼らはみんな幸福で不死だ。

チベットの音楽

ドロシー・シェルトンがチベットの楽器「胡弓」で演奏し、レイ・ハワード・クリテンデンが採譜した。初めて採譜したのは一九二一年のことである。

1 「リクン・トゥ・ツク」

2 「ア・ル・レフ」

3 「トルギリン・パ」

1　「リクン・トゥ・ツク」

2　「ア・ル・レフ」

3　「トルギリン・パ」

訳者あとがき

本書は青土社刊のチベットの昔話集としては、チェンバース『チベットの民話』に次ぐ二冊目のものであるので、この企画が編集会議を通ったという連絡を受けたときは意外な感じがしたものである。しかし、訳者として喜ばしいことであるのは間違いない。

本書は、チベットのまとまった昔話集としてはオコナー『チベットの民話』とともに、きわめて初期のものに属すると言える。オコナーは軍人、シェルトンは医師かつ宣教師ということで、昔話の専門家によるチベットの昔話の収集がまだ始まっていなかったころの昔話集である。そのせいで、今日の昔話収集の常識とされる話者や採集地についての情報はほとんど記されていないが、本書には一九世紀後半から二〇世紀初頭にかけてイエシュケとアムンゼンによって採集された昔話が計三点、それぞれのチベット語文法書から採用されていて、それがまた本書の価値を高めていると思われる。

本書にはわずかだが差別的とも受け取れる表現が見受けられるが、原典を尊重してそのままにしてある。また原本には挿絵があるが、挿絵にはまだ二年ほどの著作権が残されているとのことで、残念ながら今回の挿絵掲載は見送られることとなった。解説二ページの図版は数多く出版されている原書の一本（Independently Published, 2020）の表紙であるが、本書第45話の挿絵が使われている。すべての挿絵は次の手順により、原文をも合わせてネットで見ることができるので、関心のある方は御覧になっていただきたい。

①「tibetan folk tales」で検索。

②「Tibetan Folk Tales Index – Sacred Tests」をクリック（www: sacred-texts.com/asia/tft/index.htm）。

③目次から Title Page（トビラの挿絵）および挿絵のある昔話（第2、4、7、10、12、18、20、26、30、39、45話）をクリックし、さらに挿絵をクリックすると拡大される。

以上とは別に、第14話の挿絵が③の目次のところにカラーで掲載されている。

類話を調べるにあたってチベットの昔話集として邦訳されている代表的なものには目を通したが、本書の昔話が採集された四川省バタンの北方、甘粛省の昔話集である『東チベットの民話』だけはなかなか見ることができなかった。

英訳本（*Folk Tales from Eastern Tibet*, tr. by R. Kajihama, Library of Tibetan Works & Archives, Dharamsala, 2004/14）を見つけたのですぐに注文したが、知らされた到着予定日からはとうてい初校の校正に間に合いそうもなかった。邦訳が国会図書館にあることは調べがついていたのだが、コロナ禍の現在、ちょっと行ってくるというわけにもいかず、また校正が始まってしまったので、中国を始めとする東アジアの昔話に造詣の深い畏友斧原孝守氏に同書を所有しているかどうかを伺ったところ所有しているとのことだったので、恐縮ではあるが、類話の調査をお願いした。快くお引き受けくださったおかげで邦訳のあるチベットの昔話集のほぼすべての類話を記すことができた。

ほぼ同じころ、その本がヤフオクに出品されているのを見つけて、早速入札した。幸運にも落札できたが、間に合うかどうかは分からない。ところがその邦訳本と英訳本が、初校を返送する二日前に同時に届いたのである。斧原氏のおかげで早速類話を確認することができた。同氏はまた本書の中国語訳を提供してくださったほか、第32話の類話がイブン・バットゥータにあることを思い出させてくれたばかりか、添付で送った原稿を見て誤変換・誤記を指摘してくださった。また第49話に出る楽器Fuchinについては、中国語とチベット語に通じる西脇隆夫氏の御教示を得た。

類話は数多く集まればそこから見えてくることがあるのだが、類話の探求は底なし沼のようなもので、残念ながら決して完成するものではない。本になったあとでいくつも、それも重要なものが見つかったりして、必ず後悔するものではあるが、どこかの時点で踏切《ふんぎり》をつけなければならない。お二人のご協力がなければ、少なくとも現時点で納得のいく原稿にはならなかったことと思う。ここに記して両氏に心より感謝します。

最後になったが、出版に当たっては青土社編集部の、二〇年以上前にお世話になったことのある西館一郎氏に、今回も終始たいへんお世話になったことを記して、心から感謝します。

コロナの一刻も早い終息を祈りつつ。

二〇二一年二月
西村正身

解　説

本書はシェルトン『チベットの昔話』の全訳である。翻訳底本は以下のものである。

Tibetan Folk Tales, translated by Albert Leroy Shelton, M.D. (Shelton of Tibet), edited with an Introduction by Flora Beal Shelton, illustrated by Mildred Bryant, United Christian Missionary Society, St. Louis, Missouri, 1925 / Resurrected by Abela Publishing, London, 2009

翻訳にあたり次の中国語訳を参照した。

程萬孚譯『西藏的故事』亞東圖書館、中華民國二十年四月（1931）

挿絵と楽譜は省かれている。コピーを提供してくださった斧原孝守氏に心より感謝する。

シェルトンはアメリカ人であり、医師かつプロテスタントの宣教師であった。東チベットのカム地方の、主としてバタン（現、巴塘）に1903から1922年の間滞在していた。バタンは中国四川省カンゼ・チベット族自治州西部の、成都の西500キロメートルほどのところにあり、北の沙魯里山脈、西の他念他翁山脈、南の横断山脈に囲まれた山岳地帯に位置している。途中1910年から1914年、1920年から1921年末までの2回、一時帰国した期間もあったようであるが、通算12年ほどの、当時としては長期の滞在であったと言えよう。1922年2月、ラバに乗りラサに向かっていた途中、バタン近郊で山賊に銃撃され、翌日に亡くなった。本書の初版は1925年であり、

シェルトン夫人による死後出版である。シェルトンには本書のほか『チベット開拓 *Pioneering in Tibet: A Personal Record of Life and Experience in Mission Fields*』（1921）などがある。

同じころ、日本からも寺本婉雅、多田等観、青木文教、矢島保治郎がチベットに滞在していたが、主としてラサに滞在していた彼らとシェルトンは互いにその存在を知らなかったようである。

シェルトン夫人の記す「まえがき」によると、この小さな昔話集に収録されている昔話は、3つの石を組み合わせたかまどで沸騰するお茶を囲みながら野営しているときや、高い山々の上に設営した黒テントの中で過ごしたときに、同行あるいは同席したチベット人たちから聞き書きしたもののようである。各話のタイトルの末尾に「黒テントの物語」と記されている4話が、後者に相当するものなのであろう。そのほかにイェシュケより2話（第46、48話）、アムンゼンより1話（第47話）、および当時6歳であったローラ・マクラウド（Lora MacLeod）の語った1話（第31話）が採用されている。チベット人たちからの聞き書きであろうし、固有名詞にはチベット語の綴りが見られることなどからチベット語で書き取ったのだと思われるが、その原文が残されているのかどうかはまったく分からない。また、今では必須と

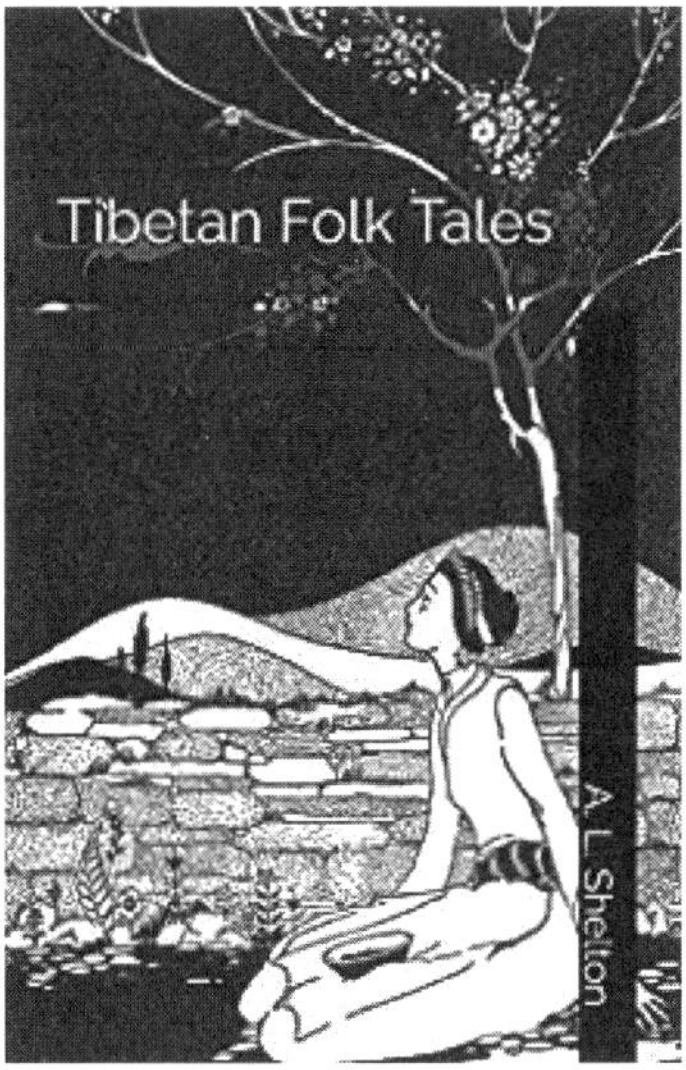

「チベットの昔話」1925
絵：ミルドレッド・ブライアント

されている語り手に関する情報も一切記されていない。これまで邦訳のなかった理由が、チベット語原文の存在が不明であるということと、インフォーマント情報が欠落しているという点にあるのかもしれない。シェルトンが不慮の死を遂げず、自らまえがきを書いていたなら、あるいは話者に関する情報を記していたのかもしれない。本書は、シェルトンに先んじて、20世紀初頭に、バタンの遙か西方ラサの南西のギャンツェで昔話を収集したW・F・オコナー（1870〜1943）の『チベットの民話 *Folk Tales from Tibet*』（1906）とともに初期のチベット昔話集のひとつであり、なかなか興味深い昔話集であることは間違いない。ちなみに、オコナーの記す話者情報も決して十分なものとは言えない。また、オコナーは帰国途中の寺本婉雅と会ったことがあるらしい。

さらに本書の成立には挿絵画家ミルドレッド・ブライアント（Mildred Bryant）、娘ドロシー・シェルトン（Dorothy, 1907-?）が演奏したチベットの音楽を採譜したレイ・ハワード・クリテンデン（Ray Howard Crittenden）が関与している。採譜は1921年のことと記されているので、アメリカに帰国していたときのことと思われる。イェシュケ（Heinrich August Jäschke, 1817-1883）はドイツのチベット学者で、今でも使われているチベット語＝英語辞典のほか、チベット語文法（*Tibetan Grammar*, 2.ed., 1883）の著作がある（河口慧海『チベット旅行記』第89回が「イェスキー」としてこの辞典のことに言及している）。アムンゼンはおそらくノルウェーのチベット学者エドワード・アムンゼン（Edward Amundsen, 1873-1928）のことと思われる。標準チベット語入門（*Primer of Standard Tibetan*, 1903）などのほか紀行文と推測される著書、チベット便覧（共著、1903）を残している。イェシュケからの昔話は文法書から採られている。アムンゼンからの昔話も同様かと思われるが、こちらは未確認である。妻

フローラ・ビール・シェルトン（1871〜1966）には『チベット辺境の光と影 *Sunshine and Shadow on the Tibetan Border*』（1912）、『チベットのシェルトン *Shelton of Tibet*』（1923）、『シャングリラの歌 *Chants from Shangri-la*』（1939）の著書が、もう一人の娘ドリス・シェルトン（Dorris, 1904-1997）には『チベットのスー *Sue in Tibet*』（1942）、『風の中の鬼神たちの彼方 *Beyond Devils in the Wind*』（1989）という著書がある。また、夫人の名で本書の分冊が出ているようである。ほかに、ダグラス・ウィッシングによる伝記（Douglas Wissing, *Pioneer in Tibet: The Life and Perils of Dr. Albert Shelton*, 2004）があるが未見である。この伝記あるいはその場にいたと思われる夫人の著書に、どういう状況で、どういう人たちから昔話を採集したのかが書かれている可能性があるかもしれない。チベットにおける医学史から見ると別の側面が見えて来るのであろうが、それは本書の関心の外にある。

本書に出てくるチベット語の綴りを挙げておこう。カタカナ表記に間違いがあれば御教示をお願いしたい。数字は目次に記す昔話の番号である。

◎動物名＝Tsuden（ツデン、２。トラ）、Susha（スシャ、３。ウサギ）、Mukjong（ムクチョン、３。ネズミ）。

◎食べ物＝tsamba（ツァンパ、３、12、13、14、23、33、40。ネーという裸麦の一種を炒めて粉にしたもので、麦こがしと訳されることが多い。主食）。

◎妖怪・化け物・神・仏＝Aberrang（アペルラン、３。ネズミとウサギの絶対に嘘をつかないという仲間。詳細は不明）、Droma（トマ、30。「慈悲の女神」と訳した。43に出る人名チェエリン・トマ参照）、Handre（ヘンテ、31。詳細は不明だが化け物か？）、Chenrezik（チェンレーシク、43。「観音菩薩」と訳した）。

◎村名・町名＝ Jangdo（チャント、５。村）、Jangmeh（チャンメフ、５。村）、Snalong（ナロン、９。町）、Nyen Yo（ニェン・ヨ、47。町）。

◎人名＝ Gendong（ケントン、９）、Genchog（ケンチョク、９、13）、Drashup（タシュプ、10）、Nyema（ニェマ、13）、Däwä（デエ、13）、Gezongongdu（ケソンコントゥ、15）、Drashi（タシ、15）、Lozong（ロソン、25）、Adra（アタ、25）、Däwä Dräbä（デエ・テペ、42。月の光という意味）、Ceering Droma（チェエリン・トマ、43）、Yugpacan（ユクパチェン、46）、Da Jang（タ・チャン、47）、Pelzang（ペルサン、47）。

◎寺院＝ Hläkäng（フレーケン、９）。

◎語句＝ läso（レーソー、9。「そういうことでしたら」と訳した）、a kä kä（間投詞？　25。「大変だ」と訳した）、om mani padme hum（「オン・マニ・ペメ・フム」、27。観音の六字真言）。

◎日用品＝ hopan（ホペン、23。「大火鉢」と訳した）、kang（カン。「水桶」と訳した、31、35）。

◎楽器＝ Fuchin（49。この綴りがチベット語であるとすると「フーチン」と読むのであろう。中国語の huqin (huchin)「フーチン」だと「胡弓（胡琴）」のことであり、頭音が f か h かの違いはあるがよく似ている。チベット語と中国語に通じる西脇隆夫氏に御教示をお願いしたところ、huchin であろうとのことだったので、「胡弓」と訳した。胡弓はチベット人も使用しているとのことである。第２９話類話注参照。

◎曲名＝ Rigung du tsuk「リクン・トゥ・ツク」、A-ru-leh「ア・ル・レフ」、Dorgiling ba「トルギリン・パ」。いずれも 49。申し訳ないが意味は分からない。

なお、トルマ（13、14、23）は torma と綴られているが、チベット語としては gtor ma である。第 13 話の本文中で解説されているよ

うに、ツァンパを水とバターで練って、円錐形にしたもので、ラマが祈りを捧げる時に使われ、声に出して経典を読むと、その中に悪霊を封じ込めることができるとされているものである。第14話でも同じ使い方をされているものと思われる。神々への供物とされることもあり、形も様々のようである。第23話では王を選ぶ際の占いのように使われている。第45話では触れられていないが、夫の家に着いた新婦について来た悪魔を払うために剣の形をしたトルマをその顔に向かって投げつけるという（河口慧海『チベット旅行記』第83回参照）。

また、チュパ（23、31）はgownの訳語として使用した。チュパはチベットの長いコートであり、チュバともいう。

以下に各話の類話その他を記しておく。類話未詳のものもあること、当然のことながら完璧なものではないことをお断りしておく。お気づきのことがあれば御教示くださると幸いである。なお、夫人の「まえがき」で触れられているチベット人の祖先については、河口慧海『チベット旅行記』第50回でも言及されている。

第1話「賢いコウモリ」

類話未詳。

第2話「トラとカエル」

いわゆる「古屋の漏り」に属する昔話であるが、大きく2つの型がある。

①（古屋の漏り型）『パンチャタントラ』小本5・11、同広本5・9。『インドの昔話』下「ティプティパニ」。『オルドス口碑集』第一部「鍋が漏る」の内124～126ページ。『中国昔話集』3と10。崔仁鶴『韓国昔話の研究』50。『日本昔話通観――インデックス』583「古屋の漏り」。ストラパローラ10・2。『チ

ベットの屍鬼四十七話』下 47 の内と『チベット民話 28 夜物語』22（いずれもちょっと変わった類話）。

ATU177「泥棒とトラ」。

②本話はこちらに属するか。『鸚鵡七十話』小本 42 〜 44、同広本 52 〜 54。『パンチャーキヤーナ・ヴァールッティカ』2。カーディリー『トゥーティー・ナーメ』14。スティール『パンジャブの昔話』123 ページ以下。オコナー『チベットの民話』13。

ATU1149「はったり：子供たちがトラの肉を欲しがる」。『シンドバードの書の起源』simia 参照。

体を膨らませるモチーフは第 17 話にも出る。

第３話「悪い仲間に加わったウサギ」

類話未詳。「朱に交われば赤くなる」ということなのであろう。

第４話「ロバと岩の物語（黒テントの物語）」

賢い判決の説話群に属するものであるが、類話未詳。第４６話参照。

参考：『日本昔話通観――インデックス』738「名裁判――傘屋と凪」。

この昔話の末尾に出る「小銭」は a half-cent の訳語である。語り手がそう言ったのか、シェルトンが読者に分かりやすいようにそう訳したのかは不明。半セント貨があるのかどうか分からないが、a cent に「びた一文」という意味があるので、とにかく少額である。チベットの貨幣を調べてみたが、どれに相当するのか不明であり、具体的にいくらくらいなのかも分からないので「小銭」と訳した。チベットの貨幣については河口慧海『チベット旅行記』第 99 回、青木文教『西蔵遊記』2•11•6「西蔵の通貨」を参照。

第５話「愚かな村長の物語」

愚かな夫の説話群のひとつ。類話未詳。

参考：ATU1696「何て言うべきだったの（何をすべきだったの）？」。『日本昔話通観――インデックス』1011「南京婆」。

この話に出るターキン takin はウシ科ターキン属の動物で食用になる。

第6話「自分がついた嘘のせいで死んだキツネ」

これにも2つの型がある。

①（本話と同じ離間を見抜かれて殺される話）『ジャータカ』361。『十誦律』巻9（シャヴァンヌ336）。『五分律』巻6。『四分律』巻11。シーフナー『チベットの物語』33B。辻元11。

②（離間が成功し2頭が殺し合う話）『ジャータカ』349。『タントラ・アーキヤーイカ』1枠（『カリーラとディムナ』『パンチャタントラ』『アンワーリ・スハイリー』も1枠）。『ヒトーパデーシャ』2枠。『シッディ・クール』20「ライオンと牛」と『チベットの屍鬼四十七話』上20。シーフナー『チベットの物語』33A。辻元32。

ATU59*「ジャッカルはトラブルメーカー」。斧原孝守「比較民俗学会報」10・7（1～3ページ）。『シッディ・クール』258～263ページ。

参考：パエドルス2・4「ワシとネコとイノシシ」。ラ・フォンテーヌ『寓話』3・6「ワシとイノシシとネコ」。

第7話「恩知らずな男」

本話に初出のサイコロによる占いはチベット語ではショモという。3個のサイコロを振って出た目の合計を手掛かりとするものと、文殊菩薩の六字真言「ア・ラ・パ・ツァ・ナ・ディー」の各文字を6面に1字ずつ記したサイコロを2度振って、36通りの組み合わせを手掛かりとする方法などがあるという（石

濱裕美子編『チベットを知るための50章』34「世界を読み解く手がかり――チベットの占い」〈西脇正人〉を参照)。サイコロ占いはほかに第10、14、43章に出て来る。
『ジャータカ』73。『破僧事』巻17。『六度集経』25と49。アラビア語版『カリーラとディムナ』XI。『パンチャーキヤーナ・ヴァールッティカ』32。『カター・サリット・サーガラ』148。シーフナー『チベットの物語』26。ラーマーヌジャン『インドの民話』396ページ以下。ブシュナク『アラブの民話』342ページ以下。崔仁鶴『韓国昔話の研究』118。『ゲスタ・ロマノールム』119。『日本昔話通観――インデックス』402「人間忘恩」。

ATU160「恩に報いる動物たち、恩知らずな男」。第21話参照。

第8話「欲張り」

①(跳ね返る弓)『タントラ・アーキヤーイカ』2・3。シリア語版『カリーラとディムナ』2・3。『パンチャタントラ』小本2・3と広本2・4。『ヒトーパデーシャ』1・6。『アンワーリ・スハイリー』3・5。『カター・サリット・サーガラ』97AAA。『シッディ・クール』19の内と『チベットの屍鬼四十七話』上19の内。『チベットの屍鬼四十七話』下47の内。

ATU180「跳ね返る弓」。

②(互いに毒を盛って全員が死ぬ)主要なもののみ挙げる。『ジャータカ』48「ヴァーダッバ前生物語」。『旧雑譬喩経』24。シーフナー『チベットの物語』19。『マルズバーン・ナーメ』3・1。『アラビアン・ナイト』152夜「商人とふたりの詐欺師との話」。『廸吉録』9。崔仁鶴『韓国昔話の研究』468。『チベットのものいう鳥』18。『中国昔話集』148。『ノヴェッリーノ』83。イブン・ハスダーイ『王子と苦行者』27。チョーサー『カンタベリー物語』「免罪符売りの話」。ザックス『切り株の中の死神』。

ATU763「宝を見つけた者たちが殺し合う」。

『壺の中の女（旧雑譬喩経全訳）』162 〜 163 ページと拙論「『王子と苦行者〈ビラウハル〉の物語』所収話の類話と文献」66「商人と二人のならず者」（作大論集、第 14 号）参照。

第 9 話「頭のいい大工」

『シッディ・クール』8「木工のアーナンダと画工のアーナンダ」と『チベットの屍鬼四十七話』上 8。辻元 44。

ATU980*「画家と建築家」。斧原孝守「比較民俗学会報」10•5（1 〜 2 ページ）。『シッディ・クール』227 〜 232 ページ。

参考:『ジャータカ』432「足あとを巧みに知る少年前生物語」と『雑宝蔵経』119（嫁と姑のいさかい）。ATU1737「天国行きの袋に入った聖職者」。『日本昔話通観――インデックス』438「俵薬師」。

第 10 話「タシュプと女神たちの物語」

『続玄怪録』（続幽怪録とも。9 世紀）「定婚店」。『今昔物語集』31・3。『三国伝説』6・9「浄蔵貴所事」。『日本昔話通観――インデックス』148「運さだめ――夫婦の因縁」。『中国昔話集』149「夫婦の縁はたたいても壊せない」。『クースタン帝王の話』。

ATU930A「運命の妻」。

第 11 話「シラミの背中に黒い筋があるわけ」

シラミの特徴の起源譚でもあり、ウサギとカメの類話でもある。『日本昔話通観――インデックス』510「のみとしらみとごきぶり」（しらみの背に火傷ができたわけ）。

参考:ATU275A「野ウサギとカメの競走」。『イソップ寓話集』Aesopica 226「亀と兎」。ラ・フォンテーヌ『寓話』6・10「ウサギとカメ」。『日本昔話通覧――インデックス』545B「しらみとのみの競走――居眠り型」。辻元 36。第 30 話参照。

第 12 話「男と幽霊」

『シッディ・クール』24「袋を背負ったエレツグレチと水桶を背負った人」と『チベットの屍鬼四十七話』上 24。

参考：『オルドス口碑集』第四部「子供の遊びことば」の内 238 ページの 4（悪魔は足跡をつけない）。落語「まんじゅうこわい」のモチーフが含まれるが、その面白さを求めているわけではなさそうである。

第 13 話「邪悪な継母」

『シッディ・クール』5「ナランゲレルトとその弟」と『チベットの屍鬼四十七話』上 5。

斧原孝守「比較民俗学会報」10・4（7 ページ）。『シッディ・クール』224 〜 225 ページ。

第 14 話「二人の悪鬼の物語」

『シッディ・クール』4「豚の占い師」後半と『チベットの屍鬼四十七話』上 4 後半。『オルドス口碑集』第一部 139 〜 143 ページ「豚博士」の後半。

妃にした羅刹女に人民が食われてしまう話に『六度集経』37、『ブッダの大いなる旅（マハーヴァストゥ）』下 381 〜 382 ページ。

この話には銃が出てくる（第 21 話にも）。河口慧海『チベット旅行記』第 96 回、多田等観『チベット滞在記』61 〜 62 ページにチベットにおける銃・鉄砲に関する記述がある。この話に出る銃は猟銃であろうか。チベットの昔話に出る銃の記録としては早いものであると思われる。銃が出て来るからといって、この話が新しい話であるというわけではない。

斧原孝守「比較民俗学会報」10・4（4 〜 7 ページ）。『シッディ・クール』219 〜 224 ページ。

第 15 話「賢い女」

隣国から出された難題を解く話。難題ごとに類話を挙げる。

①（馬の親子）『雑事』巻28。『賢愚経』37。『雑宝蔵経』4。『大荘厳経論』21と75。『鸚鵡七十話』小本48と広本58。『鸚鵡七十二話』のマラーティー語版48とラージャスターニー語版50。『チベット仏教王伝』13（百組の馬の親子の組み合わせ）。「文成公主」（五百頭ずつの親子）。『チベットのものいう鳥』23。無住『雑談集』4。『今昔物語集』5・32。

②（木の本末）『ジャータカ』546の内（棒問答）。『雑事』巻28。『賢愚経』37。『雑宝蔵経』4。『大荘厳経論』21と75。『鸚鵡七十話』小本49。『鸚鵡七十二話』のマラーティー語版49とラージャスターニー語版51。『チベット仏教王伝』13。「文成公主」（ほかに蟻通し、三百人から王女を捜す）。『チベットのものいう鳥』23。『枕草子』229。『今昔物語集』5・32。無住『雑談集』4。シーフナー『チベットの物語』7と8。

③（蛇の雌雄）『雑事』28。『賢愚経』37。『雑宝蔵経』4。『大荘厳経論』21と75。『枕草子』229（ほかに蟻通し）。『チベットのものいう鳥』23（ほかに眠っているようで覚めているもの、象の重さ、人頭の重さを問う）。

『シンドバードの書の起源』senex（514ページ）参照。

第16話「三人の友だち」

類話未詳。

第17話「ウサギとマルハナバチの賭け」

類話未詳。体を膨らませるモチーフは第2話にも出る。

第18話「ライオンを殺したウサギ」

『タントラ・アーキヤーイカ』1・6。『カリーラとディムナ』シリア語版1・6とアラビア語版1・7。『パンチャタントラ』小本1・8と広本1・9。『ヒトーパデーシャ』2・10。『アンワー

リ・スハイリー』1・14。『パンチャーキヤーナ・ヴァールッティカ』30。『カター・サリット・サーガラ』84D。『鸚鵡七十話』小本31と広本40。『鸚鵡七十二話』マラーティー語版とラージャスターニー語版の31。『チベットの屍鬼四十七話』下28の内。スウィンナートン3。オコナー『チベットの民話』9の前半。辻元34。崔仁鶴『韓国昔話の研究』31。

ATU92「ライオンが自分が映った姿に向かって飛び込む」。

第19話「大きな宝石を失った王さま」

類話未詳。

第20話「三人の猟師の物語」

いっしょに住む兄弟がそれぞれに妻を持つのはチベットでは珍しいことらしい。兄弟が何人いても妻は1人で、多夫一妻が普通であるというので、2人の妻が殺されたあとの状態のほうが普通ということなのであろう。第14話と河口慧海『チベット旅行記』第24、80、83回を参照。

類話未詳。

第21話「猟師と一角獣」

類話未詳。恩知らずな男の話のひとつ。第7話参照。銃については第1 4話参照。

参考:『日本昔話通観——インデックス』403「狩人非情」。

第22話「三キロの銀塊は誰のものか」

『五分律』巻9。『四分律』巻18。『山居新話』4ウ〜5ウ。『輟耕録』巻11(108〜109ページ)。『今古奇観』24の入話。無住『沙石集』9・3「正直にして宝を得たる事」。ペトルス・アルフォンシ『知恵の教え』17「黄金の蛇」。シュタインヘーヴェル『イソップ寓話集』145・4。『伊曽保物語』上13。『チベットのものいう鳥』24。『モンゴルの昔話』47「賢い裁判官」。崔仁鶴『韓国昔話の

研究』629。

『知恵の教え』306 〜 307 ページ参照（ヨーロッパの類話を挙げてある）。

ATU926C「ソロモンふうに解決された裁判」（1）。

この昔話の「三キロ」「三百グラム」は one hundred ounces, ten ounces の訳語である。百オンス、十オンスということであるが、語り手に由来するのか、シェルトンに由来するのかは不明。貴金属の単位として「オンス」は約 31 グラムなので、ここでは分かりやすいように「三キロ」「三百グラム」とした。

第 23 話「王子の友だちの物語」

『百喩経』41（呪物を争う）。『パンチャーキヤーナ・ヴァールッティカ』34。『シッディ・クール』2「カメの人身御供になった王子」と『チベットの屍鬼四十七話』上 2。『聊斎志異』3・109（紙で人が乗れる鶏や動物を作る術）。『チベットのものいう鳥』14。『インド・ネパール・スリランカの民話』「二人の王子」。

斧原孝守「比較民俗学会報」10・4（1 〜 3 ページ）。『シッディ・クール』210 〜 217 ページ。

ATU567A「魔法の鳥の心臓と離れ離れになった兄弟」、518「男たちが魔法の品々をめぐって戦う」、507「怪物の花嫁」（1）。

第 24 話「猟師を救ったカラス」

①（善意の出来事？）『五分律』巻 27。『十誦律』巻 41・17・2・3。『屍鬼二十五話』13。『王と四人の大臣』3。サデー『ユダヤの民話』15。

②（報恩譚）アイリアノス『動物奇譚集』17・37。『イソップ寓話集』Aesopica 395「蛇と鷲」。『アラビアン・ナイト』第 5 夜「シンドバード王の話」。『奇談雑史』2・4。

ATU178C「喉が渇いている王が忠実なハヤブサを殺す」。

本話は①に属すると思われるが、報恩に至る記述を欠いている可能性もあるか。

『シンドバードの書の起源』lac venenatum 参照。

この昔話のなかの「一五グラム」は five tenths of an ounce の訳語である。文字通りには「十分の五オンス」ということであり、なぜこのような表現をしているのか、なぜ「二分の一オンス」ではないのかは、浅学ゆえに不明である。ここでも銀の重さの事なので第 22 話と同様に 1 オンスを約 31 グラムとして、ほぼその半分の「一五グラム」とした。

第 25 話「2 人の泥棒（黒テントの物語）」

類話未詳。

第 26 話「金のカボチャ（黒テントの物語）」

『宇治拾遺物語』3・16。オコナー『チベットの民話』4「二人の隣人の物語」前半。『日本昔話通観——インデックス』365「腰折れ雀」。

参考：『日本昔話通観——インデックス』85「舌切り雀」。

第 27 話「禿げ男の物語」

病にかかったとき、まずは医者ではなくラマや呪術師を最初に呼んで悪魔祓いをしてもらうとのことである。河口慧海『チベット旅行記』第 105 回やマルコ・ポーロ『東方見聞録』第 4 章 133 などを参照。

類話未詳

第 28 話「違う色の目の 5 人の友だちを持つ男（黒テントの物語）」

「三人の友（イェーダーマン）」の説話群に属するもので、大きく 5 つの型がある。

類話は多数あるので、主なものを掲げる。

①（罪を犯した男と 3 人の友）『雑阿含経』（大正蔵 2、No.

101）10。『衆経撰雑譬喩』33（シャヴァンヌ 221）。ハレ要約版『王子と苦行者〈ビラウハル〉の物語』第5の寓話。イブン・ハスダーイ『王子と苦行者』11。『バルラームとヨアサフ』第5寓話。ジャック・ド・ヴィトリ『エクセンプラ』120。サンチェス『ABC 順説話集』16。『ゲスタ・ロマノールム』182 と 238。ホフマンスタール『イェーダーマン』。平田篤胤『本教外編』上・第四の其三。

②（多数の友、父の半人前の友、殺人の偽装）『マルズバーン・ナーメ』2・8。ペトルス・アルフォンシ『知恵の教え』1。サンチェス『ABC 順説話集』18。セルカンビ『ノヴェッリエーレ』73。『ルカノール伯爵』48。『騎士シファール』1・5。ザックス『半人前の友だち』（謝肉祭劇）。ブシュナク『アラブの民話』405 ページ以下「友情の証し」。崔仁鶴『韓国昔話の研究』753。

ATU893「頼りにならない友人たち」。『シンドバードの書の起源』dimidius amicus。

③（3人の友、殺人の偽装＝①＋②）『ゲスタ・ロマノールム』129。本話と同じ妻を試すモチーフを含むものに『ゲスタ・ロマノールム』124。『チベット民話 28 夜物語』2「お爺さんの三つのお話」の内。『シンドバードの書の起源』senex（「ステファノ物語」20）。『日本昔話通観――インデックス』421「妻の密告」。落語「骨違い」。

ATU1381C「埋められた羊の頭」。

④（不愛想な友を評価）『カター・サリット・サーガラ』105。パキスタンの民話「まがいの友と真の友」。

⑤（友より肉親、殺人の偽装）『殺狗勧夫』。『殺狗記』。ベトナム民話「死んだ犬」。『日本昔話通観――インデックス』167「兄弟の仲直り」。

ペトルス・アルフォンシ『知恵の教え』246 〜 261 ページ。拙論「『王子と苦行者〈ビラウハル〉の物語』所収話の類話と文献」09「三人の友」(作大論集、第 14 号)。

なお、『壇の浦合戦記』其の四に、「七人の子を儲けても婦人に心を許してはならない」という表現がある。

第 29 話「胡弓弾きの物語」

『シッディ・クール』26「賢良修行汗の功績」と『チベットの屍鬼四十七話』上 26。『チベットの屍鬼四十七話』下 33「王となった王の使用人の牧夫」。『チベット民話 28 夜物語』15「王さまになった少年の話」。『東チベットの民話』「貧しい男が王になった」(斧原孝守氏の御教示)。『日本昔話通観――インデックス』217A「絵姿女房――難題型」。『チベットのものいう鳥』26「白蛇をたすける」。

ATU465「美しい妻のために、迫害された男」。

斧原孝守「比較民俗学会報」10・7(3 〜 5 ページ)。『シッディ・クール』270 〜 278 ページ。

「胡弓」「胡弓弾き」は violin, violinist の訳語である。ヴァイオリンはなかったと思うので、弓を使う弦楽器としてこの訳語を当てた。「解説」5 ページ「楽器」の項参照。

第 30 話「聖なるカモの胸が黄色くなったわけ」

ハリス『ウサギどんキツネどん(リーマスじいやのした話)』18「ウサギどんにあいてがあらわれた話」(亀が一族を動員する)。辻元 45。

ATU275C「野ウサギとハリネズミの競走」、1074「欺いて競走に勝つ:援助者としての親族たち」。

参考:『日本昔話通観――インデックス』481「烏とコカウ」(烏の色の起源)。

第31話「二匹の小ネコ〈六歳のローラ・マクラウドの語った物語〉」

ATU210「旅のオンドリ、メンドリ、カモ、留め針、縫い針」。

参考話：『東チベットの民話』「おばあさんがオオカミを殺した」（斧原孝守氏の御教示）。

参考：ATU248A「象とヒバリ」。『ジャータカ』357。『パンチャタントラ』小本1•15と広本1•20。『パンチャーキヤーナ•ヴァールッティカ』47。『日本昔話通観――インデックス』522A「柿争い――仇討ち型」、524「子馬の仇討ち」、525「雀の仇討ち」。

第32話「妖術師の悪ふざけの物語」

イブン・バットゥータ『大旅行記』第25章「シナの旅」のうち「奇術師の逸話」（杭州で実見したこととして記している。紐を付けた毬を空中に投げ、それを上って空中に消えた弟子を奇術師が刀を持って追っていくと、弟子の手足胴体頭が落ちて来る。血まみれの奇術師がそれらを合わせて蹴ると立ち上がる。47ページの挿絵も参照）。岡本好古『揚州の幻伎』。ロープ魔術に属する類話には9世紀前半の『原化記』所収「嘉興の綱渡り」、18世紀前半の『聊斎志異』13「桃を盗む少年」（斧原孝守氏の御教示による）などがある。石田幹之助『増訂・長春の春』「唐代風俗史抄」3「縄伎（綱渡り）」、アチソン『数学はインドのロープ魔術を解く』第15章および訳者あとがき、パウンドストーン『大疑惑――「部外者ご遠慮ください」の内幕、すべてあばきます』3•7「インドのロープ•マジックは本物か？」参照。石田によるとマルコ・ポーロ『東方見聞録』訳注者として名高いユールやコルディエが詳しく紹介しているというが、どの著作なのかは不明。*Cathay and the Way thither* (1916) の第4巻にイブン・バットゥータから中国関連の訳があるそうなので、

そこに注記があるのかもしれない。他版でしか見ていないが『東方見聞録』にロープ魔術の記述はなさそうである。また同じく石田の記す *Mystery of the rope magic* なる著書も不明である。

第 33 話「オオカミとキツネとウサギが犯した罪」

『チベットの屍鬼 47 話』下 28「ライオンを打ち負かした賢いウサギ」の冒頭（19 ～ 21 ページ）。『東チベットの民話』「ずる賢いウサギの失敗」（斧原孝守氏の御教示。ほかにニワトリが加わる。3 匹で復讐しようとするが言いくるめられる）。

第 34 話「白銅の壺」

ナハシャビー『トゥーティー・ナーメ』3。ローゼン『鸚鵡物語』6・2。カーディリー『トゥーティー・ナーメ』3。オコナー『チベットの民話』4「2 人の隣人の物語」後半（息子 1 人、猿 1 匹）。チェンバース『チベットの民話』229 ページ以下「消えた宝」。

第 35 話「ウサギの物語」

オコナー『チベットの民話』1「どのようにして野兎の唇が裂けたか」（虎と会うところから）。『東チベットの民話』ウサギと雪男（斧原孝守氏の御教示。ウサギのさらなる悪事が続く）。

第 36 話「ある妖術師の物語」

①横恋慕の話、②欲深を諌める話、③傲慢を諌める話の 3 種がふつうで、悪ふざけの話は珍しい。以下に順に類話を記す。

①ヘシオドス『ヘラクレスの楯』1 ～ 56 行。ヘロドトス『歴史』6・69。プラウトゥス、モリエール、クライスト、ジロドゥの「アンピトルオ」もの。『鸚鵡七十話』小本と広本 3。ナハシャビー『トゥーティー・ナーメ』17。ローゼン『鸚鵡物語』17・1。

②『ジャータカ』78「イッリーサ前生物語」。『旧雑譬喩経』15「欲深な伊利沙をこらしめる帝釈天」。『ブッダの大いなる旅（マハーヴァストゥ）』E7(1)「吝嗇家本生話」。『出曜経』巻 12。『盧

至長者因縁経』。『古本説話集』下56。『今昔物語集』3・22。『宇治拾遺物語』85。

③『ゲスタ・ロマノールム』59。『シチリアのロベルト』。『ルカノール伯爵』51。セルカンビ『ノヴェッリエーレ』60。崔仁鶴『韓国昔話の研究』429。

田中於菟弥『鸚鵡七十話』65～66ページ、『壺の中の女』149ページ、『シンドバードの書の起源』superbia（559～560ページ）参照。

第37話「トルコ石の物語」

1人の男が複数の妻を持つことはチベットでは珍しいことだったようである（河口慧海『チベット旅行記』第24回）。ふつうは見せかけの金品が使われる。

サンチェス『ABC順説話集』126（55）。パウリ『冗談とまじめ』435。ハーゲン『奇談全集』49「木槌」（リューディガー作）。セルカンビ『ノヴェッリエーレ』57。『ティル・オイレンシュピーゲルの愉快ないたずら』93。サデー『ユダヤの民話』157「粉々にしたガラスの破片」。

ATU982「偽りの遺産」。南方熊楠「財産分けの話」。『シンドバードの書の起源』arca。

第38話「賢い愚か者」

ゲルツェン／タシ『チベットの民話』10「馬鹿な醜い息子と賢い美人の娘」（本話より詳細）。

第39話「男とサルたち」

類話未詳。

第40話「命の木の物語」

①前半だけの話、②後半だけの話、③前半＋後半の話（後半はさまざま）の3種。

①（すべての鳥が飛び去る）『タントラ・アーキヤーイカ』3・11。『パンチャタントラ』広本1・21。『鸚鵡七十話』小本66。マラーティー語版『鸚鵡七十二話』63。ラーマーヌジャン『インドの民話』452ページ以下。

ATU233A「鳥たちが死んだふりをして逃げる」。参考：『六度集経』63。ナハシャビー『トゥーティー・ナーメ』5・3。

②（たまたま捕らえた鳥が異能の鳥）ナハシャビー『トゥーティー・ナーメ』9。ローゼン『鸚鵡物語』11・1。『バヤン・ブディマン物語』12。スウィンナートン18。サデー『ユダヤの民話』82。参考：『ジャータカ』497。『旧雑譬喩経』2。『六度集経』20。

③（前半で最後の一話が捕まることで後半につながる）『パンチャーキヤーナ・ヴァールッティカ』9（本話と異なる後半）。『ボグド・ビダルマサヂ汗物語』8（最短の『鸚鵡物語』に展開していく）。

「銀五〇両」はfifty taels of silverの訳語である。「テール（両）」は東アジア、特に中国の重量単位で約38グラムであるが、ここでは日本でも馴染みのある「両」をそのまま使ってルビを振ることにした。

第41話「こぶ男の物語」

『宇治拾遺物語』1・3。『今昔物語集』15・6。安楽庵策伝（1642没）『醒睡笑』巻一「謂へば謂はるるものの由来」の章の21「こぶ取爺の話」と巻六「推《すゐ》はちがうた」の章の35「瘤取り爺後日物語」。『シッディ・クール』25「マラヤ山から魔力を授かった四人」の内195ページと『チベットの屍鬼四十七話」上25の内。崔仁鶴『韓国昔話の研究』476。『日本昔話通観——インデックス』47「こぶ取り爺」。『グリム童話集』KHM182。

ATU503「こびとたちの贈り物」。斧原孝守「比較民俗学会報」10・7（5〜6ページ）。

第42話「物乞いの物語」

夫婦の話として語られるものもある。

『タントラ・アーキヤーイカ』5・1。『カリーラとディムナ』シリア語版4・1とアラビア語版6・1。『パンチャタントラ』小本5•9と広本5•7。『ヒトーパデーシャ』4•7。『アンワーリ・スハイリー』6•2。ヨハンニス・デ・カプア69。『シッディ・クール』21「賢い兎」の内（174〜176ページ）と『チベットの屍鬼四十七話』上21の内。『アラビアン・ナイト』902夜。ジャック・ド・ヴィトリ『エクセンプラ』51。『ルカノール伯爵』7。ラ・フォンテーヌ『寓話』7•9「乳しぼりの女と牛乳壺」（次の10「司祭と死者」も参照）。『グリム童話集』KHM164。ラーマーヌジャン『インドの民話』363。ブシュナク『アラブの民話』389。スウィンナートン13・2。オコナー『チベットの民話』6「愚かな若い回教徒の物語」の内。『日本昔話通観――インデックス』891「金をもうけたら」。崔仁鶴『韓国昔話の研究』630d, e。

ATU1430「夫と妻が空想にふける」（1）。参考：サデー『ユダヤの民話』171。

「三〇キロほどの大麦」はabout a bushel of barleyの訳語である。この表現も語り手由来なのか、シェルトンがこう訳したのかは不明。1ブッシェルは約27キログラムなので、少し多くなるが「三〇キロ」と訳した。

第43話「ずる賢い貧しい男」

段成式（863没）『酉陽雑俎』巻12（No.476）。無住『沙石集』（1283）2・6「地蔵菩薩種々利益の事」のうち勘解由《かで》の小路の地蔵の項と同じく無住『雑談集』（1305）巻5「信智之徳」。『地

蔵菩薩霊験記』8・3「偽って夢想を示し罰を受る事」(16 世紀末?)。御伽草子『ささやき竹』(室町時代末期か)。『日本昔話通観——インデックス』657「牛の嫁入り」と落語「牛の嫁入り」「お玉牛」。土橋里木『甲斐昔話集』17「暗がりから牛でござる」。『シッディ・クール』11「アルタン・ダリーと呼ばれる娘の物語」と『チベットの屍鬼四十七話』上 11。『カター・サリット・サーガラ』12。『カターコーシャ』31。『モンゴルの昔話』27 ~ 28 ページ。ラーマーヌジャン『インドの民話』「ハンチ」。チェンバース『チベットの民話』241 ページ以下「報いられた祈り」。『チベット民話 28 夜物語』8「仏さまと宝石」。『ふらんすデカメロン』(1462 年) 14。ラ・フォンテーヌ『コント』2・15「隠者」。『僧尼孽海』1「僧編」所収「鄠県の僧」。崔仁鶴『韓国昔話の研究』229。

ATU896「好色な聖者と箱の中の少女」。南方熊楠「美人の代りに猛獣」。松原秀一『中世ヨーロッパの説話』「ささやき竹」。斧原孝守「比較民俗学会報」10・5 (4 ~ 5 ページ)。『シッディ・クール』232 ~ 236 ページ参照。

娘の素性を確かめるために実家へ行く部分が『チベット民話 28 夜物語』5「妖精になったワンモ」のやはり末尾にある。

第 44 話「五人の友だちの争い」

ふつうは未婚の女を求婚者として争うのだが、本話では既婚の女、しかも友だちの 1 人の妻を争い、殺してしまう珍しい話。『屍鬼二十五話』5。『シッディ・クール』1「金持ちの息子」と『チベットの屍鬼四十七話』上 1。『アーヴァシュヤカ・チュールニ』「自責」。『カター・ラトナーカラ』154。ナハシャビー『トゥーティー・ナーメ』(1330 年) 34。ローゼン『鸚鵡物語』(17 世紀トルコ)24・2。カーディリー『トゥーティー・ナーメ』(1650 頃)

22。『ノヴェッリーノ』23。『ストラパローラ』7・5。『ペンタメローネ』5•7。スティール『パンジャブの昔話』42 〜 60 ページ。崔仁鶴『韓国昔話の研究』284 と 469。安楽庵策伝『醒睡笑』巻一「謂へば謂はるる物の由来」の章の 36「娘一人に聟三人」。『チベットのものいう鳥』20。

参考：『ジャータカ』200「有徳者前生物語」。『生経』24「国王五人経」。『ブッダの大いなる物語（マハーヴァストゥ）』下 188 〜 196 ページ。

ATU653「技を持った 4 人兄弟」。『シンドバードの書の起源』4 liberatores。斧原孝守「比較民俗学会報」10•5（2 〜 4 ページ）。『シッディ・クール』206 〜 209 ページ参照。

第 45 話「慎ましい女」

本話に出る乳代とは、娘を育てるときに飲ませた母乳代のこと。生死に係わらず母親に支払われるもので、チベット語ではヌーリンという。この乳代を含めてチベットにおける結婚の習俗については河口慧海『チベット旅行記』第 80 〜 83 回参照。

類話未詳。

第 46 話「バラモンのユクパチェンの物語――イェシュケより」

賢い判決の説話群に属するものであるが、類話は未詳。第 4 話参照。

出典は *Tibetan Grammar*, 2. ed., pp. 92-98。原文と語注あり。タイトルに「ツェン・ルン Dzan-lun より」という注が付けられている。

第 47 話「タ・チャンの物語――アムンゼンより」

『枕中記』（8 世紀）。『続玄怪録』「杜子春」（9 世紀）。『聊斎志異』4・149。無住『沙石集』1・9「和光の方便に依って妄念を止むる事」。『太平記』巻 25・4 の内。浅井了以『伽婢子』4・3。

芥川龍之介『杜子春』。落語「徳利酒屋」。サデー『ユダヤの民話』45と46と107。

ペトルス・アルフォンシ『知恵の教え』338〜339ページ参照。浦島太郎の話は本話とは逆の話である。

Primer of Standard Tibetan, 1903, p. 150以下にThe Jugglerという章があるので、おそらくそれが出典であろうと思われるが、未確認である（国会図書館関西館所蔵）。

なお、川で子供が失われるモチーフについては『賢愚経』16、『今昔物語集』2・31、『三国伝記』1・16「微妙尼因位事」、シーフナー『チベットの物語』11、『ゲスタ・ロマノールム』110、サデー『ユダヤの民話』75を参照。

第48話「ソロモンのごとく――イェシュケより」

『旧約聖書』「列王記・上」3・16〜28。ヨセフス『ユダヤ古代誌』8・26〜33。『ゲスタ・ロマノールム』45。ブレヒト『アウクスブルクの白墨の輪』と『コーカサスの白墨の輪』。『ジャータカ』546の内「息子問答」。『賢愚経』53。ラージャスターニー語版『鸚鵡七十二話』44。『パンチャーキヤーナ・ヴァールッティカ』45。『インド・ネパール・スリランカの民話』175。ゲルツェン／タシ『チベットの民話』18「巧みな判決」第2話。李行道『灰蘭記』（13世紀）。『棠陰比事』8。崔仁鶴『韓国昔話の研究』627。『日本昔話通観――インデックス』740「母二人に子一人」。

ATU926「ソロモンの裁き」。参考：『今昔物語集』27・29。南方熊楠「仏教に見えたる古話二則」。ペトルス・アルフォンシ『知恵の教え』訳注123（192ページ）参照。

出典は第４６話と同じ *Tibetan Grammar*, pp. 84-85。原文と語注と英訳あり。シェルトンはその英訳を利用しつつ読み易く訳している。

第49話「チベットの歌」「チベットの音楽」

類歌未詳。

掲載されている楽譜に歌詞があるのかないのかも不明である。

類話未詳のもの、またチベットにしか類話を見いだせないものはチベット固有の昔話なのかもしれない。管見に入っていない無数の文献があるので、もちろん確実なことは言えないのだが。

インドの影響を強く受けているチベットの昔話に『ジャータカ』、仏典、『パンチャタントラ』、『鸚鵡七十話』等の類話が見られることは当然のことなのであろう。本書にもそうした類話が含まれていることは、これまでの記述で明らかである。また、チベットやモンゴルの『チベットの屍鬼四十七話』や『シッディ・クール』の類話もかなり含まれていることも、本書の特徴のひとつと言える。第6、8、9、12、13、14、18、23、29、41、42、43、44話がそれに当たる。日本の昔話との共通話も数多く含まれている。第2、7、10、11、26、28、29、42、43、48話などがそれである。参考話まで含めればもう少し多くなる。

内容についてみると、第1話から第48話までのそれぞれ冒頭にチベットの諺がひとつずつ紹介されていることや、共通点を持つ話が複数含まれていることも本書の特徴と言える。裁判に係わる話に第4、22、46、48話。愚か者の話に第5、38話。恩知らずの登場する話に第7、21、39話。競走をモチーフとする話に第11、30話。難題ものに第15、29話。妖術師が登場する話に第32、36話がある。

わずか49話の昔話集であるが、想像以上に世界とのつながりのある昔話集であると言えよう。

類話の索引を兼ねた書誌

◎本文中の記述に順じて記す。邦訳のあるものは努めて邦訳を掲げる。末尾の数字は昔話の番号である。

ATU（ハンス・イェルク＝ウター『国際昔話話型カタログ』小澤俊夫監修・加藤耕義訳、小澤昔ばなし研究所）…… 2、5、6、7、8、9、10、11、18、22、23、24、28、29、30、31、37、40、41、42、43、44、48

Cathay and the Way thither, H. Yule/H. Cordier, Printied for the Hakluyt Society, 1913-15 …… 32

Mystery of the rope magic …… 32

Primer of Standard Tibetan, E. Amundsen, Ghoom, Darjeeling, 1903 …… 47

Tibetan Grammar, H. Jäschke, 2. Ed., Trübner & Co., London, 1883 …… 46、48

アイリアノス『動物奇譚集』（中務哲郎訳、京都大学学術出版会）…… 24、37

『アーヴァシュヤカ・チュールニ』（Jinadāsa, *Āvaśyakacūrṇi*. In: *The Clever Adulteress and Other Stories*, ed. by Ph. Granoff, Mosaic Press, 2008）…… 44

青木文教『西蔵遊記』中公文庫 …… 4

芥川龍之介『杜子春』（『蜘蛛の糸・杜子春・トロッコ他』岩波文庫）

『インド・ネパール・スリランカの民話』（坂田貞二編訳、みくに出版）…… 23、48

『インドの昔話』下（辛島昇・西岡直樹、春秋社）…… 2

『宇治拾遺物語』（中島悦次校註、角川文庫）…… 26、36、41

「牛の嫁入り」（『増補落語事典』による）……43

「『王子と苦行者〈ビラウハル〉の物語』所収話の類話と文献」（西村正身、作大論集、第 14 号）…… 8、28

『王と四人の大臣』（*The King and his four Ministers*. In: W. A. Clouston, *A Group of Eastern Romances and Stories from the Persian, Tamil and Urdu*, 1889/rpt. BiblioLife, n.d.）…… 24

『鸚鵡七十二話』マラーティー語版（*Die Marāṭhī-Übersetzung der Śukasaptati*, R. Schmidt, Leipzig, 1897/rpt. Kraus Reprint, 1966, pp. 87-145。拙訳私家版）…… 15、18、40

『鸚鵡七十二話』ラージャスターニー語版（J. Hertel, 'Über Suvābahuttarī Kathā'. In: *Festschrift Ernst Windisch zum 70. Geburtstag am 4. September 1914*, Otto Harrassowitz, Leipzig, 1914, pp. 138-152。拙訳私家版）…… 15、18、48

『鸚鵡七十話』小本（R. Schmidt, *Śukasaptati*, Georg Müller, 1913。拙訳私家版）…… 2、15、18、36、40

『鸚鵡七十話』広本（田中於菟弥訳、平凡社・東洋文庫）…… 2、15、18、36

岡本好古『揚州の幻伎』講談社 …… 32

オコナー『チベットの民話』（金子民雄訳、白水社）…… 2、18、26、34、35、42

「お玉牛」（『増補落語事典』による）…… 43

斧原孝守「比較民俗学会報」（「『シッディキュル』説話の比較資料」1 〜 5、比較民俗学会、1989）…… 6、9、13、14、23、29、41、

43、44
『オルドス口碑集』（モスタールト、磯野富士子訳、平凡社・東洋文庫）…… 2、12、14
『カターコーシャ』（*The Kathakoca or Treasury of Stories*, tr. by C. H. Tawney, 1895/rpt. Kessinger Legacy Reprints, n.d.）…… 43
『カター・サリット・サーガラ』（Somadeva, *The Ocean of Story*, tr. by Tawney/Penzer, London, 1924-28。この説話番号を記す）…… 7、8、18、28、43
『カター・ラトナーカラ』（J. Hertel, *Indische Märchen*, Rowolt, 1996）…… 44
カーディリー『トゥーティー・ナーメ』（*The Tooti Nameh, or Tales of a Parrot*, 1801/rpt. BiblioLife, n.d.。拙訳私家版）…… 2、34、44
『カリーラとディムナ』（①シリア語版。*Kalila und Dimna*, Fr. Schulthess, 1911/rpt. Nabu Public Domain Reprints, 2011 ／②アラビア語版。イブヌ・ル・ムカッファイ、菊池淑子訳、平凡社・東洋文庫。断わりのない場合は両者共通）…… 6、7、8、18、42
河口慧海『チベット旅行記』（上下。講談社・学術文庫）…… 4、14、20、27、37、45
『騎士シファール』（*Libro del Caballero Zifar*, ed. de C. González, Ediciones Cátedra, Madrid, 1983）…… 28
『奇談雑史』（宮負貞雄。佐藤正英・武田由紀子校訂、ちくま学芸文庫）…… 24
『旧約聖書』（新共同訳、日本聖書協会）…… 48
『今古奇観』（抱甕老人編、駒田信二・立間祥介訳『今古奇観下・嬌紅記』平凡社）…… 22
『クースタン帝王の話』（松原秀一『中世ヨーロッパの説話』中公文庫、221 ～ 232 ページ）…… 10

ぎょうせい）…… 28
『シンドバードの書の起源』（B. E. Perry、西村正身訳、未知谷）…… 2、15、24、28、36、37、44
スウィンナートン（Ch. Swinnerton, *Indian Nights' Entertainment or Folk=Tales from the Upper Indus*, 1892/rpt. Arno Press, New York, 1977）…… 18、40、42
スティール『パンジャブの昔話』（*Folk Tales of Punjab*, F. A. Steel, Cosmo Publications, New Delhi, 2000）…… 2、44
ストラパローラ（『レ・ピアチェーヴォリ・ノッティ』。『イタリア・ノヴェッラの森』による）…… 2、44
セルカンビ『ノヴェッリエーレ』（『イタリア・ノヴェッラの森』による）…… 28、36、37
『雑阿含経』（大正新脩大蔵経 2。No. 101）…… 28
『雑事』（『根本説一切有部毘奈耶雑事』。大正新脩大蔵経 24）…… 15
『僧尼孽海』（土屋文明編訳『秘本尼僧物語』徳間文庫）…… 43
『雑宝蔵経』（大正新脩大蔵経 4）…… 9、14、15
『増補落語事典』（東大落語会編、青蛙房）
『続玄怪録』（李復元、前野直彬編訳『六朝・唐・宋小説選』平凡社）…… 10、47
『大荘厳経論』（大正新脩大蔵経 4）…… 15
『太平記』（兵頭裕己校注、岩波文庫）…… 47
多田等観『チベット滞在記』（牧野文子編、講談社・学術文庫）…… 14
段成式『酉陽雑俎』（今村与志雄訳注、平凡社・東洋文庫）…… 43
『タントラ・アーキヤーイカ』（*Tantrākhyāyika*, J. Hertel, B. G. Teubner, 1909。拙訳私家版）…… 6、8、18、40、42

Tibetan Folk Tales,
translated by Albert Leroy Shelton, M.D. (Shelton of Tibet),
edited with an Introduction by Flora Beal Shelton, 1925.

チベットの昔話

2021年4月5日　第1刷印刷
2021年4月15日　第1刷発行

著者――アルバート・L・シェルトン
訳者――西村正身

発行人――清水一人
発行所――青土社
東京都千代田区神田神保町1－29　市瀬ビル　〒101-0051
電話　03-3291-9831（編集）、03-3294-7829（営業）
振替　00190-7-192955

組版――フレックスアート
印刷・製本――シナノ印刷

装幀――中島かほる

ISBN978-4-7917-7371-8　Printed in Japan